AF648648

دليلك المصور إلى اللغة
الألمانية Deutsch

Illustrierter Sprachführer

اللغة الأساسية هي العربية

Hauptsprache Arabisch

شاملاً دورة تعليم لغة صوتية

Inklusive
Audiosprachkurs und App

JOURIST

MP3-Audiokurs und App zum Lernen

Der auf das Buch perfekt abgestimmte Audiokurs Arabisch – Deutsch in MP3 und als App kann heruntergeladen werden.
http://de.jourist.com/isdf

Autor: Max Starrenberg
Illustrationen, Texte und Gesamtherstellung: Jourist Verlags GmbH, Hamburg

ISBN 978-3-89894-674-2

JOURIST

www.jourist.de

Verwendete Lautschriftzeichen mit Beispielen

Vokale

[a]	hat [hat], Adapter [aˈdaptɐ]
[aː]	haben [ˈhaːbən], Ja [jaː], Tag [taːk]
[ɐ]	Wasser [ˈvasɐ], Feuer [ˈfɔɪ̯ɐ]
[ɐ̯]	wir [viːɐ̯], hier [hiːɐ̯]
[ãː]	Croissant [kʀo̯aˈsãː], Restaurant [ʀɛstoˈʀãː]
[eː]	gehen [ˈgeːən], Fernseher [ˈfɛʁnˌzeːɐ], Makrele [ˌmaˈkʀeːlə]
[ɛ]	Äpfel [ˈɛpfəl], Erbsen [ˈɛʁpsn̩]
[ɛː]	später [ˈʃpɛːtɐ], Fähre [ˈfɛːʀə]
[ə]	bitte [ˈbɪtə], Gepäck [gəˈpɛk]
[i]	Paprika [ˈpapʁika], Provision [ˌpʀoviˈzi̯oːn]
[iː]	Spiegel [ˈʃpiːgl̩], viele [ˈfiːlə]
[ɪ]	mit [mɪt], bitte [ˈbɪtə]
[o]	Provision [ˌpʀoviˈzi̯oːn], Euro [ˈɔɪ̯ʀo]
[oː]	Monat [ˈmoːnat], Ofen [ˈoːfn̩]
[ɔ]	Ordnung [ˈɔʁdnʊŋ], Euro [ˈɔɪ̯ʀo]
[øː]	stören [ˈʃtøːʀən], König [ˈkøːnɪç]
[œ]	Löffel [ˈlœfl̩], Röntgen [ˈrœntgn̩]
[uː]	Flug [fluːk], Huhn [huːn]
[ʊ]	Stunde [ˈʃtʊndə], Gurke [ˈgʊrkə]
[yː]	Gefühl [gəˈfyːl], Flügel [ˈflyːgl̩]
[ʏ]	drücken [ˈdrʏkn̩], fünf [fʏnf]

Doppelvokale Diphthonge

[aɪ̯]	nein [naɪ̯n], Eingang [ˈaɪ̯nˌgaŋ]
[aʊ̯]	Ausgang [ˈaʊ̯sgaŋ], Haus [haʊ̯s]
[ɔɪ̯]	Heute [ˈhɔɪ̯tə], Beule [ˈbɔɪ̯lə]
[ɛɪ̯]	Cocktail [ˈkɔktɛɪ̯l], E-Mail [ˈiːˌmɛɪ̯l]

Konsonanten

[ʔ]	(Knacklaut) Postamt [ˈpɔstˌʔamt], geöffnet [gəˈʔœfnət]
[b]	bitte [ˈbɪtə], Bank [baŋk]
[ç]	nicht [nɪçt], mich [ˈmɪç], Licht [lɪçt]
[d]	wieder [ˈviːdɐ], denn [ˈdɛn]
[f]	verstehen [fɛɐ̯ˈʃteːən], Familie [ˌfaˈmiːli̯ə]
[g]	Gemüse [ˌgəˈmyːzə], Joghurt [ˈjoːgʊrt]
[h]	Hotel [hoˈtɛl], heute [ˈhɔɪ̯tə]
[j]	ja [jaː], Januar [ˈjanu̯aːɐ̯]
[k]	Kabine [kaˈbiːnə], Bank [baŋk]
[l]	Frühling [ˈfʀyːlɪŋ], links [lɪŋks]
[l̩]	Nebel [ˈneːbl̩], Spiegel [ˈʃpiːgl̩]
[m]	Mais [maɪ̯s], Sommer [ˈzɔmɐ]
[n]	nein [naɪ̯n], wann [van]
[n̩]	Abend [ˈaːbn̩t], rufen [ˈʀuːfn̩]
[ŋ]	Eingang [ˈaɪ̯nˌgaŋ], lang [laŋ]
[p]	passen [ˈpasən], Apotheke [ˌapoˈteːkə]
[ʀ]	Reisen [ˈʀaɪ̯zn̩], Regen [ˈʀeːgn̩]
[ʁ]	Ordnung [ˈɔʁdnʊŋ], morgen [ˈmɔʁgŋ̍]
[s]	was [vas], Bus [bʊs], groß [gʀoːs]
[ʃ]	schauen [ˈʃaʊ̯ən], Student [ʃtuˈdɛnt], Ketchup [ˈkɛʧap]
[t]	Tasse [ˈtasə], Pfund [pfʊnt], bitte [ˈbɪtə]
[ʦ]	ziehen [ˈʦiːən], Zeit [ʦaɪ̯t]
[ʧ]	Chips [ˈʧɪps], Dolmetscher [ˈdɔlmɛʧɐ]
[v]	was [vas], Aquamarin [akvamaˈʀiːn], Reservierung [ʀezɛʁˈviːʀʊŋ]
[χ]	nach [naːχ], buchen [ˈbuːχn̩]
[z]	soll [zɔl], Sonne [ˈzɔnə]
[ʒ]	Ingenieur [ˌɪnʒeˈni̯øːɐ̯], Massage [maˈsaːʒə]
[ʤ]	Manager [ˈmɛnɪʤɐ], Jeans [ʤiːns]

Weitere Symbole

[ː]	langer Vokal
[ˈ]	Hauptakzent
[ˌ]	Nebenakzent

Kapitel | الموضوع الرئيسي

فهرس المحتويات

Inhaltsverzeichnis

Buchstabieralphabet

A [aː] . . . . Anton
Ä [ɛ] . . . . Ärger
B [beː] . . . . Berta
C [tseː] . . . . Cäsar
D [deː] . . . . Dora
E [eː] . . . . Emil
F [ɛf] . . . . Friedrich
G [geː] . . . . Gustav
H [haː] . . . . Heinrich
I [iː] . . . . Ida
J [jɔt] . . . . Julius
K [kaː] . . . . Kaufmann
L [ɛl] . . . . Ludwig
M [ɛm] . . . . Martha
N [ɛn] . . . . Nordpol

O [oː] . . . . Otto
Ö [ø] . . . . Ökonom
P [peː] . . . . Paula
Q [kuː] . . . . Quelle
R [ɛr] . . . . Richard
S [ɛs] . . . . Siegfried
ß [ɛsˈt͡sɛt] . . . . Eszett
T [teː] . . . . Theodor
U [uː] . . . . Ulrich
Ü [yː] . . . . Übermut
V [fau] . . . . Viktor
W [veː] . . . . Wilhelm
X [iks] . . . . Xanthippe
Y [ˈʏpsilɔn] . . . . . . Ypsilon
Z [tsɛt] . . . . Zacharias

Grundlagen أساسيات

Wichtigste Redewendungen - جمل أساسية

شكرا جزيلا.
Vielen Dank.
['fi:lən daŋk]

عفوا.
Nichts zu danken.
[nɪçts tsu: 'daŋkən]

نعم.
Ja.
[ja:]

لا.
Nein.
[naɪ̯n]

من فضلكَ.
Bitte.
['bɪtə]

فهمت.
Ich verstehe.
[ɪç fɛɐ̯'ʃte:ə]

أنا لا أفهم.
Ich verstehe nicht.
[ɪç fɛɐ̯'ʃte:ə nɪçt]

كل شئ على ما يرام.
Das ist in Ordnung.
[das ɪst ɪn 'ɔʁdnʊŋ]

كم كمية؟
Wie viel?
[vi: fi:l]

كم وقتا؟
Wie lange?
[vi: 'laŋə]

كم المسافة؟
Wie weit?
[vi: vaɪ̯t]

Wichtigste Redewendungen - جمل أساسية

من الذي يجب أن أسأله؟
Wen soll ich fragen?
[ve:n zɔl ɪç 'fʀa:gn̩]

بعدكَ.
Nach Ihnen.
[na:χ 'i:nən]

أين يقع أقرب فندق؟
Wo ist das nächste Hotel?
[vo: ɪst das 'nɛ:çstə ho'tɛl]

أين يقع أقرب مطعم؟
Wo ist das nächste Restaurant?
[vo: ɪst das 'nɛ:çstə ʀɛsto'ʀã:]

أين يقع أقرب سوبر ماركت؟
Wo ist der nächste Supermarkt?
[vo: ɪst de:ɐ̯ 'nɛ:çstə 'zu:pɐˌmaʁkt]

أين يقع أقرب مصرف؟
Wo ist die nächste Bank?
[vo: ɪst di: 'nɛ:çstə baŋk]

أين تقع أقرب صيدلية؟
Wo ist die nächste Apotheke?
[vo: ɪst di: 'nɛ:çstə ˌapo'te:kə]

أين تقع أقرب محطة للقطار؟
Wo ist der nächste Bahnhof?
[vo: ɪst de:ɐ̯ 'nɛ:çstə 'ba:nˌho:f]

Wichtigste Redewendungen - جمل أساسية

من؟
Wer?
[ve:ɐ̯]

أين الحمام؟
Wo ist die Toilette?
[vo: ɪst di: ˌto̯a'lɛtə]

ماذا؟
Was?
[vas]

لماذا؟
Warum?
[va'ʀʊm]

انظر!
Schauen Sie mal!
['ʃau̯ən zi: ma:l]

متى؟
Wann?
[van]

كلمات مفيدة

Eingang ['aɪ̯nˌgaŋ]	دخول
Ausgang ['au̯sgaŋ]	خروج
Notausgang ['no:tʔau̯sˌgaŋ]	مخرج الطوارئ
Rauchen verboten ['ʀau̯χn̩ fɛɐ̯'bo:tn̩]	ممنوع التدخين
Ziehen ['t͡si:ən]	اسحب
Drücken ['dʀʏkn̩]	ادفع
Damen ['da:mən]	سيدات
Herren ['hɛʀən]	رجال
ich [ɪç]	أنا
du [du:]	أنتَ
Sie [zi:]	حضرتُكَ
ihr [i:ɐ̯]	أنتم
wir [vi:ɐ̯]	نحن
er [e:ɐ̯]	هو
sie [zi:]	هي
es [ɛs]	هو (هي)
sie [zi:]	هم

Begrüßung - إلقاء التحية

سلام عليكم.
Guten Tag.
[gu:tn̩ ta:k]

أهلا!
Hallo!
[ha'lo:]

مساء الخير.
Guten Abend.
[gu:tn̩ 'a:bn̩t]

صباح الخير.
Guten Morgen.
[gu:tn̩ 'mɔʁgn̩]

كيف حالكَ؟
Wie geht's?
[ˌvi: 'ge:ts]

كيف الأحوال؟
Wie geht es Ihnen?
[vi: ge:t ɛs 'i:nən]

تشرفنا.
Es freut mich, Sie kennen zu lernen.
[ɛs fʀɔɪ̯t mɪç zi: 'kɛnən t͡su: 'lɛʁnən]

Sich verabschieden - عبارات الوداع

مع السلامة.
Auf Wiedersehen.
[aʊ̯f 'vi:dɐˌze:ən]

تصبح على خير.
Gute Nacht.
['gu:tə naχt]

إلى اللقاء فيما بعد.
Bis später.
[bɪs 'ʃpɛ:tɐ]

إلى اللقاء غدا.
Bis morgen.
[bɪs 'morgen]

هذه بطاقتي.
Hier ist meine Visitenkarte.
[hi:ɐ̯ ɪst 'maɪ̯nə vi'zi:tn̩ˌkaʁtə]

انتبه لنفسكَ.
Passen Sie auf sich auf.
['pasən zi: aʊ̯f zɪç sɪç aʊ̯f]

هذا رقم تلفوني.
Hier ist meine Telefonnummer.
[hi:ɐ̯ ɪst 'maɪ̯nə tele'fo:nˌnʊmɐ]

هذا رقم فاكسي.
Hier ist meine Faxnummer.
[hi:ɐ̯ ɪst 'maɪ̯nə 'faksˌnʊmɐ]

هذا عنواني البريدي.
Hier ist meine Anschrift.
[hi:ɐ̯ ɪst 'maɪ̯nə 'anʃʀɪft]

هذا عنوان بريدي الإلكتروني.
Hier ist meine E-Mail-Adresse.
[hi:ɐ̯ ɪst 'maɪ̯nə 'i:meɪ̯lʔaˌdʀɛsə]

Einladung - دعوة

هل تود أن تذهب معي؟
Möchten Sie mit mir mitkommen?
['mœçtn̩ zi: mɪt mi:ɐ̯ 'mɪtˌkɔmən]

هل ستكون فاضي الليلة؟
Haben Sie heute Abend Zeit?
['ha:bən zi: 'hɔɪ̯tə 'a:bn̩t ʦaɪ̯t]

ما خططكَ اليوم؟
Was machen Sie heute?
[vas 'maχn̩ zi: 'hɔɪ̯tə]

هل ستكون فاضي غدا؟
Haben Sie morgen Zeit?
['ha:bən zi: 'morgen ʦaɪ̯t]

هل تود أن تذهب للرقص؟
Möchten Sie tanzen gehen?
['mœçtn̩ zi: 'tanʦn̩ 'ge:ən]

أود مقابلتكَ في البهو.
Wollen wir uns in der Empfangshalle treffen!
['vɔlən vi:ɐ̯ ʊns ɪn de:ɐ̯ ɛm'pfaŋsˌhalə 'tʀɛfn̩]

هل تود أن تذهب في نزهة؟
Möchten Sie einen Spaziergang machen?
['mœçtn̩ zi: 'aɪ̯nən ʃpa'tsi:ɐ̯ˌgaŋ 'maχn̩]

هل تود أن تخرج للتسوق؟
Möchten Sie einkaufen gehen?
['mœçtn̩ zi: 'aɪ̯nˌkaʊ̯fn̩ 'ge:ən]

هل تود أن تخرج لتناول وجبة؟
Möchten Sie essen gehen?
['mœçtn̩ zi: 'ɛsn̩ 'ge:ən]

هل تود أن تتناول مشروبا؟
Möchten Sie etwas trinken gehen?
['mœçtn̩ zi: 'ɛtvas 'tʀɪŋkn̩ 'ge:ən]

أدعوكَ لتناول مشروب.
Ich lade Sie auf ein Getränk ein.
[ɪç 'la:də zi: aʊ̯f aɪ̯n gə'tʀɛŋk aɪ̯n]

لا مانع لدي.
Ich habe nichts dagegen.
[ɪç 'ha:bə nɪçts da'ge:gn̩]

Vorstellung - مقدمات

اسمي.
Ich heiße ...
[ɪç ˈhaɪ̯sə]

ما اسمكَ؟
Wie heißen Sie?
[viː ˈhaɪ̯sn̩ ziː]

مع من أنتَ؟
Mit wem sind Sie hier?
[mɪt veːm zɪnt ziː hiːɐ̯]

أنا مع صديقتي.
Ich bin mit meiner Freundin hier.
[ɪç bɪn mɪt ˈmaɪ̯nɐ ˈfʀɔɪ̯ndɪn hiːɐ̯]

أنا مع خطيبتي.
Ich bin mit meiner Verlobten hier.
[ɪç bɪn mɪt ˈmaɪ̯nɐ ˌfɛɐ̯ˈloːptn̩ hiːɐ̯]

أنا لوحدي.
Ich bin alleine hier.
[ɪç bɪn a ˈlaɪ̯nə hiːɐ̯]

أنا مع زوجتي.
Ich bin mit meiner Frau hier.
[ɪç bɪn mɪt ˈmaɪ̯nɐ fʀaʊ̯ hiːɐ̯]

أنا مع عائلتي.
Ich bin mit meiner Familie hier.
[ɪç bɪn mɪt ˈmaɪ̯nɐ ˌfaˈmiːli̯ə hiːɐ̯]

أنا مع أولادي.
Ich bin mit meinen Kindern hier.
[ɪç bɪn mɪt ˈmaɪ̯nən ˈkɪndɐn hiːɐ̯]

أنا متزوج.
Ich bin verheiratet.
[ɪç bɪn fɛɐ̯ˈhaɪ̯ʀaːtət]

أنا أعزب.
Ich bin ledig.
[ɪç bɪn ˈleːdɪç]

أنا مطلق.
Ich bin geschieden.
[ɪç bɪn ɡəˈʃiːdn̩]

من أي بلد أنتَ؟
Woher kommen Sie?
[voˈheːɐ̯ ˈkɔmən ziː]

أنا طالب.
Ich bin Student.
[ɪç bɪn ʃtuˈdɛnt]

أنا عامل.
Ich bin Arbeiter.
[ɪç bɪn ˈaʁbaɪ̯tɐ]

Vorstellung - مقدمات

أنا رجل أعمال.
Ich bin Geschäftsmann.
[ɪç bɪn gəˈʃɛftsˌman]

أنا مهندس.
Ich bin Ingenieur.
[ɪç bɪn ˌɪnʒeˈni̯øːɐ̯]

أنا مدير.
Ich bin Manager.
[ɪç bɪn ˈmɛnɪdʒɐ]

أنا في عمل.
Ich bin geschäftlich unterwegs.
[ɪç bɪn gəˈʃɛftlɪç ˌʊntɐˈveːks]

سأرحل في الشهر القادم.
Ich fahre nächsten Monat ab.
[ɪç ˈfaːʀə ˈnɛːçstən ˈmoːnat ap]

أنا في إجازة.
Ich bin im Urlaub.
[ɪç bɪn ɪm ˈuːɐ̯ˌlau̯p]

سأرحل في الأسبوع القادم.
Ich fahre nächste Woche ab.
[ɪç ˈfaːʀə ˈnɛːçstə ˈvɔχə ap]

سوف أبقى هنا يوما.
Ich werde einen Tag hier bleiben.
[ɪç ˈveːɐ̯də ˈai̯nən taːk hiːɐ̯ ˈblai̯bm̩]

سوف أبقى هنا أسبوعا.
Ich werde eine Woche hier bleiben.
[ɪç ˈveːɐ̯də ˈai̯nə ˈvɔχə hiːɐ̯ ˈblai̯bm̩]

Loben - مدح

هذا ممتع.
Das ist interessant.
[das ɪst ˌɪntəʀɛ'sant]

لديكَ ذوق رائع في اختيار الملابس.
Sie haben einen sehr guten Geschmack, was Kleidung betrifft.
[zi: 'ha:bən 'aɪ̯nən ze:ɐ̯ gu:tn̩ gə'ʃmak vas 'klaɪ̯dʊŋ bə'tʀɪft]

هذا ممتاز.
Das ist großartig.
[das ɪst 'gʀo:sˌʔa:ɐ̯tɪç]

قصة شعركَ الجديدة رائعة.
Ihre neue Frisur ist großartig.
['i:ʀə 'nɔɪ̯ə ˌfʀi'zu:ɐ̯ ɪst 'gʀo:sˌʔa:ɐ̯tɪç]

يا له من مكان جميل.
Was für ein schöner Ort.
[vas fy:ɐ̯ aɪ̯n 'ʃø:nɐ ɔʁt]

تبدو أنيقا!
Sie sehen gut aus!
[zi: 'ze:ən gu:t aʊ̯s]

يا له من منظر جميل.
Was für ein schöner Ausblick.
[vas fy:ɐ̯ aɪ̯n 'ʃø:nɐ 'aʊ̯sblɪk]

Dankbarkeit - شكر

هذا لطف كبير منكَ.
Das ist sehr nett von Ihnen.
[das ɪst zeːɐ̯ nɛt fɔn ˈiːnən]

أنت لطيف جدا.
Sie sind sehr nett.
[ziː zɪnt zeːɐ̯ nɛt]

شكرا جزيلا.
Herzlichen Dank.
[ˈhɛʁʦˌlɪçŋ̍ˈdaŋk]

لقد استمتعت بوقتي اليوم، شكرا.
Es hat mir heute sehr gut gefallen, danke.
[ɛs hat miːɐ̯ ˈhɔɪ̯tə zeːɐ̯ ɡuːt ˌɡəˈfalən ˈdaŋkə]

شكرا لكَ على تعبكَ.
Danke für Ihre Mühe.
[ˈdaŋkə fyːɐ̯ ˈiːʁə ˈmyːə]

Entschuldigungen - اعتذار

آسف.
Entschuldigung.
[ˌɛnt'ʃʊldɪgʊŋ]

لحظة من فضلكَ.
Einen Augenblick, bitte.
['aɪ̯nən 'aʊ̯gŋ̍ˌblɪk 'bɪtə]

هل لي بدقيقة من وقتكَ؟
Kann ich Sie für einen Moment stören?
[kan ɪç ziː fyːɐ̯ 'aɪ̯nən mo'mɛnt 'ʃtøːʀən]

المرة القادمة سأقوم بما ينبغي.
Nächstes Mal werde ich es richtig machen.
['nɛːçstəs maːl 'veːɐ̯də ɪç ɛs 'ʀɪçtɪç 'maxn̩]

لم أقصد ذلك.
Ich habe es nicht so gemeint.
[ɪç 'haːbə ɛs nɪçt zoː gə'maɪ̯nt]

اعذرني على التأخير.
Entschuldigen Sie bitte meine Verspätung.
[ˌɛnt'ʃʊldɪgn̩ ziː 'bɪtə 'maɪ̯nə ˌfɛɐ̯'ʃpɛːtʊŋ]

ذلك خطئي.
Es ist meine Schuld.
[ɛs ɪst 'maɪ̯nə ʃʊlt]

Nachfragen - طلب

هل يمكنكَ مساعدتي من فضلك؟
Könnten Sie mir bitte helfen?
['kœntn̩ zi: mi:ɐ̯ 'bɪtə 'hɛlfn̩]

أرجوكَ أسرع.
Bitte beeilen Sie sich.
['bɪtə ˌbə'ʔaɪ̯lən zi: zɪç sɪç]

من فضلكَ تكلم ببطء.
Bitte sprechen Sie langsamer.
['bɪtə 'ʃpʀɛçn̩ zi: 'laŋˌza:mɐ]

قل هذا مرة أخرى من فضلكَ.
Sagen Sie das bitte noch einmal.
['za:gn̩ zi: das 'bɪtə nɔχ 'aɪ̯nma:l]

هلا كررت ذلك؟
Könnten Sie das wiederholen?
['kœntn̩ zi: das ˌvi:dɐ'ho:lən]

أرجوكَ اكتبه هنا.
Bitte schreiben Sie es hier auf.
['bɪtə 'ʃʀaɪ̯bn̩ zi: ɛs hi:ɐ̯ aʊ̯f]

هل تفهم؟
Verstehen Sie?
[ˌfɛɐ̯'ʃte:ən zi:]

تعال معي!
Kommen Sie mit!
['kɔmən zi: mɪt]

Nachfragen - طلب

هلا أرسلت هذا الخطاب بالبريد من فضلكَ؟
Könnten Sie bitte diesen Brief für mich abschicken?
['kœntn̩ ziː 'bɪtə 'diːzən bʀiːf fyːɐ̯ mɪç 'apʃɪkn̩]

هل أستطيع أن ألقي نظرة عليه؟
Kann ich mir das mal anschauen?
[kan ɪç miːɐ̯ das maːl 'anʃaʊ̯ən]

هل بإمكاني الحصول على عنوانكَ؟
Kann ich Ihre Adresse haben?
[kan ɪç 'iːʀə a'dʀɛsə 'haːbən]

هل أستطيع اقتراض قلمكَ؟
Kann ich mir Ihren Stift leihen?
[kan ɪç miːɐ̯ 'iːʀən ʃtɪft 'laɪ̯ən]

هل بإمكاني الحصول على رقم تلفونكَ؟
Kann ich Ihre Telefonnummer haben?
[kan ɪç 'iːʀə tele'foːnˌnʊmɐ 'haːbən]

هل بإمكاني الحصول على عنوانكَ الإلكتروني؟
Kann ich Ihre E-Mail-Adresse haben?
[kan ɪç 'iːʀə 'iːmeɪ̯lʔaˌdʀɛsə 'haːbən]

هل أستطيع اقتراض سيارتكَ؟
Kann ich mir Ihr Auto leihen?
[kan ɪç miːɐ̯ iːɐ̯ 'aʊ̯to 'laɪ̯ən]

هل تستطيع أن توصلني إلى وسط المدينة؟
Können Sie mich in der Innenstadt absetzen?
['kœnən ziː mɪç ɪn deːɐ̯ 'ɪnənˌʃtat 'apˌzɛtsn̩]

Gefühle - مشاعر

لست متأكدا.
Ich bin nicht sicher.
[ɪç bɪn nɪçt 'zɪçɐ]

ذلك رائع!
Das ist wunderbar!
[das ɪst 'vʊndɐˌbaːɐ̯]

ذلك مريع!
Das ist schrecklich!
[das ɪst 'ʃʀɛklɪç]

أشعر بالحزن.
Ich bin traurig.
[ɪç bɪn 'tʀaʊ̯ʀɪç]

اهدأ، سيكون كل شيء على ما يرام.
Beruhigen Sie sich, alles wird gut.
[ˌbəˈʀuːɪgn̩ ziː zɪç sɪç 'aləs vɪʁt guːt]

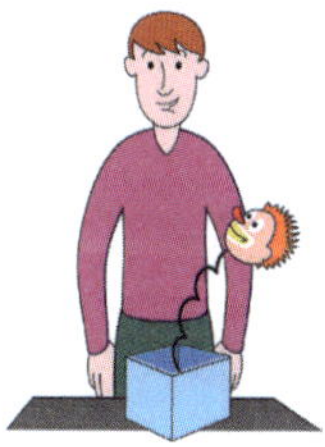

يا للمفاجأة!
Was für eine Überraschung!
[vas fyːɐ̯ 'aɪ̯nə ˌyːbɐ'ʀaʃʊŋ]

يا للأسف!
Das ist aber schade!
[das ɪst 'aːbɐ 'ʃaːdə]

هذا يكفي!
Das reicht!
[das ʀaɪ̯çt]

بالطبع!
Natürlich!
[ˌna'tyːɐ̯lɪç]

Segnen - تهاني

مبارك!
Herzliche Glückwünsche!
[ˈhɛʁtslɪçə ˈɡlʏkˌvʏnʃə]

عيد ميلاد مجيد!
Frohe Weihnachten!
[ˈfʀoːə ˈvaɪ̯ˌnaχtn̩]

أطيب التمنيات بعيد ميلادكَ!
Die besten Wünsche zum Geburtstag!
[diː ˈbɛstn̩ ˈvʏnʃə tsʊm ˌɡəˈbuːɐ̯tsˌtaːk]

كل عام وانتم بخير!
Die besten Wünsche für ein glückliches neues Jahr!
[diː ˈbɛstn̩ ˈvʏnʃə fyːɐ̯ aɪ̯n ˈɡlʏklɪçəs ˈnɔɪ̯əs jaːɐ̯]

حظا سعيدا!
Viel Glück!
[fiːl ɡlʏk]

أتمنى لكَ وقتا طيبا!
Schönen Tag noch!
[ˈʃøːnən taːk nɔχ]

أتمنى لكَ رحلة جميلة!
Gute Reise!
[ˈɡuːtə ˈʀaɪ̯zə]

تسرني رؤيتكَ ثانية!
Lassen Sie uns wieder treffen!
[ˈlasn̩ ziː ʊns ˈviːdɐ ˈtʀɛfn̩]

في صحتكَ!
Zum Wohl!
[tsʊm voːl]

شهية طيبة!
Guten Appetit!
[ɡuːtn̩ apeˈtiːt]

Zeit - الوقت

كم الساعة؟
Wie spät ist es?
[vi: ʃpɛ:t ɪst ɛs]

بعد ساعة
in einer Stunde
[ɪn 'aɪ̯nɐ 'ʃtʊndə]

منذ كم ساعة؟
Von wann?
[fɔn van]

حتى أية ساعة؟
Bis wann?
[bɪs van]

إنه مبكر.
Es ist früh.
[ɛs ɪst fʀy:]

كم سيستغرق؟
Wie lange wird es dauern?
[vi: 'laŋə vɪʁt ɛs 'daʊ̯ɐn]

إنه متأخر.
Es ist spät.
[ɛs ɪst ʃpɛ:t]

إنه في ميعاده.
Es ist rechtzeitig.
[ɛs ɪst 'ʀɛçtˌtsaɪ̯tɪç]

هل الوقت متأخر؟
Ist es schon spät?
[ɪst ɛs ʃo:n ʃpɛ:t]

الوقت ظهرا.
Es ist Mittag.
[ɛs ɪst 'mɪta:k]

سوف أرحل مساءا.
Ich fahre am Abend ab.
[ɪç 'fa:ʀə am 'a:bn̩t ap]

سوف أرحل صباحا.
Ich fahre am Morgen ab.
[ɪç 'fa:ʀə am 'mɔʁgŋ̍ ap]

الوقت منتصف الليل.
Es ist Mitternacht.
[ɛs ɪst 'mɪtɐˌnaχt]

سوف أرحل عصرا.
Ich fahre am Nachmittag ab.
[ɪç 'fa:ʀə am 'na:χmɪˌta:k ap]

ما تاريخ الغد؟
Welcher Tag ist morgen?
['vɛlçɐ ta:k ɪst 'morgen]

ما تاريخ اليوم؟
Welcher Tag ist heute?
['vɛlçɐ ta:k ɪst 'hɔɪ̯tə]

كلمات مفيدة

Zeit [tsaɪ̯t]	الوقت
Minute [mi'nu:tə]	دقيقة
Stunde ['ʃtʊndə]	ساعة
Nacht [naχt]	ليل
Tag [ta:k]	نهار
Woche ['vɔχə]	أسبوع

Zeit - الوقت

heute ['hɔɪ̯tə]	اليوم
gestern ['gɛstɐn]	أمس
morgen [morgen]	غدا
morgen früh [morgen fʀy:]	غدا صباحا
ein Uhr [aɪ̯n u:ɐ̯]	الساعة الواحدة
zwei Uhr [t͡svaɪ̯ u:ɐ̯]	الساعة الثانية
drei Uhr [dʀaɪ̯ u:ɐ̯]	الساعة الثالثة
vier Uhr [fi:ɐ̯ u:ɐ̯]	الساعة الرابعة.
fünf Uhr [fʏnf u:ɐ̯]	الساعة الخامسة.
sechs Uhr [zɛks u:ɐ̯]	الساعة السادسة.
sieben Uhr ['zi:bm̩ u:ɐ̯]	الساعة السابعة
acht Uhr [aχt u:ɐ̯]	الساعة الثامنة.
neun Uhr [nɔɪ̯n u:ɐ̯]	الساعة التاسعة
zehn Uhr [t͡se:n u:ɐ̯]	الساعة العاشرة
elf Uhr [ɛlf u:ɐ̯]	الساعة الحادية عشر
zwölf Uhr [tsvœlf u:ɐ̯]	الساعة الثانية عشر
vormittags ['fo:ɐ̯mɪˌta:ks]	صباحا
nachmittags, abends ['na:χmɪˌta:ks 'a:bn̩t͡s]	مساءا
Monat ['mo:nat]	شهر
Januar ['janu̯a:ɐ̯]	يناير
Februar ['fe:bʀua:ɐ̯]	فبراير
März [mɛʁt͡s]	مارس
April [a'pʀɪl]	إبريل
Mai [maɪ̯]	مايو
Juni ['ju:ni]	يونيو.
Juli ['ju:li]	يوليو.
August [au̯'gʊst]	أغسطس
September [zɛp'tɛmbɐ]	سبتمبر
Oktober [ɔk'to:bɐ]	أكتوبر
November [no'vɛmbɐ]	نوفمبر
Dezember [de't͡sɛmbɐ]	ديسمبر
Jahr [ja:ɐ̯]	سنة
Frühling ['fʀy:lɪŋ]	ربيع
Sommer ['zɔmɐ]	صيف
Herbst [hɛʁpst]	خريف
Winter ['vɪntɐ]	شتاء

كيف حال الطقس اليوم؟
Wie ist das Wetter heute?
[vi: ɪst das 'vɛtɐ 'hɔɪ̯tə]

الطقس اليوم جيد.
Das Wetter ist heute gut.
[das 'vɛtɐ ɪst 'hɔɪ̯tə gu:t]

الطقس اليوم سيئ.
Das Wetter ist heute schlecht.
[das 'vɛtɐ ɪst 'hɔɪ̯tə ʃlɛçt]

اليوم الطقس دافئ.
Heute ist es warm.
['hɔɪ̯tə ɪst ɛs vaʁm]

اليوم الطقس بارد.
Heute ist es kalt.
['hɔɪ̯tə ɪst ɛs kalt]

الطقس جيد اليوم.
Was für ein schöner Tag.
[vas fy:ɐ̯ aɪ̯n 'ʃø:nɐ ta:k]

يهطل المطر.
Es regnet.
[ɛs 'rɛɲnət]

ينزل الثلج.
Es schneit.
[ɛs 'ʃnaɪ̯t]

كلمات مفيدة

Schnee [ʃne:] . . . . جليد
Regen ['ʁe:gn̩] . . . . مطر
Sonne ['zɔnə] . . . . شمس
Nebel ['ne:bl̩] . . . . ضباب
Wind [vɪnt] . . . . رياح
Gewitter [gə'vɪtɐ] . . . . عاصفة رعدية
Sturm [ʃtʊʁm] . . . . عاصفة
raues Wetter [ʁaʊ̯əs 'vɛtɐ] . . . . طقس صعب
Hitze ['hɪtsə] . . . . حرارة

Wochentage - أَيَّام الْأُسْبُوع

إِثْنَيْن
Montag
['mo:nˌta:k]

ثُلاثْاء
Dienstag
['di:nsˌta:k]

أَرْبِعَاء
Mittwoch
['mɪtvɔχ]

خَمِيس
Donnerstag
['dɔnɐsˌta:k]

جُمْعَة
Freitag
['fʀaɪ̯ta:k]

سَبْت
Samstag/Sonnabend
['zamsˌta:k/'zɔnˌʔa:bn̩t]

أَحَد
Sonntag
['zɔnˌta:k]

null [nʊl] .... صِفْر
eins [aɪ̯ns] .... وَاحِد
zwei [t͡svaɪ̯] .... اِثْنان
drei [dʁaɪ̯] .... ثَلاثَة
vier [fiːɐ̯] .... أَرْبَعَة
fünf [fʏnf] .... خَمْسَة
sechs [zɛks] .... سِتَّة
sieben ['ziːbm̩] .... سَبْعَة
acht [axt] .... ثَمَانِيَة
neun [nɔɪ̯n] .... تِسْعَة
zehn [t͡seːn] .... عَشَرَة
elf [ɛlf] .... أَحَدَ عَشَر
zwölf [t͡svœlf] .... إِثْنَا عَشَر
dreizehn ['dʁaɪ̯t͡seːn] .... ثَلاثَة عَشَر
vierzehn ['fɪʁt͡seːn] .... أَرْبَعَة عَشَر
fünfzehn ['fʏnft͡seːn] .... خَمْسَةَ عَشَر
sechzehn ['zɛçt͡seːn] .... سِتَّةَ عَشَر
siebzehn ['ziːpt͡seːn] .... سَبْعَةَ عَشَر
achtzehn ['axt͡seːn] .... ثَمَانِيَةَ عَشَر
neunzehn ['nɔɪ̯nt͡seːn] .... تِسْعَةَ عَشَر
zwanzig ['t͡svant͡sɪç] .... عِشْرُون
einundzwanzig ['aɪ̯nʔʊnt't͡svant͡sɪç] .. واحِد وعِشْرُون
dreißig ['dʁaɪ̯sɪç] .... ثَلاثُون
vierzig ['fɪʁt͡sɪç] .... أَرْبَعُون
fünfzig ['fʏnft͡sɪç] .... خَمْسُون
sechzig ['zɛçt͡sɪç] .... سِتُّون
siebzig ['ziːpt͡sɪç] .... سَبْعُون
achtzig ['axt͡sɪç] .... ثَمَانُون
neunzig [nɔɪ̯ntsɪç] .... تِسْعُون
hundert ['hʊndɐt] .... مِائَة
zweihundert ['t͡svaɪ̯ˌhʊndɐt] .... مِئَتَان
fünfhundert ['fʏnf'hʊndɐt] .... خَمْسمئة

0 5 14 19

1.000

أَلْف
tausend
['taʊ̯zn̩t]

100 500

1.000.000

مِلْيُون
Million
[mɪ'li̯oːn]

1.000.000.000

مِلْيار
Milliarde
[mɪ'li̯aʁdə]

Reisen

السفر

Zoll - الجمرك

هاكَ جواز سفري.
Hier ist mein Reisepass.
[hiːɐ̯ ɪst maɪ̯n ˈʁaɪ̯zəˌpas]

هذه هي زيارتي الأولى.
Das ist mein erster Besuch.
[das ɪst maɪ̯n ˈeːɐ̯stɐ bəˈzuːχ]

من فضلكَ أوضح لي كيفية ملء هذه الاستمارة.
Bitte zeigen Sie mir, wie man dieses Formular ausfüllt.
[ˈbɪtə ˈt͡saɪ̯gn̩ ziː miːɐ̯ viː man ˈdiːzəs ˌfɔʁmuˈlaːɐ̯ ˈaʊ̯sˌfʏlt]

هاكَ تأشيرتي.
Hier ist mein Visum.
[hiːɐ̯ ɪst maɪ̯n ˈviːzʊm]

أنا وحدي.
Ich bin alleine hier.
[ɪç bɪn aˈlaɪ̯nə hiːɐ̯]

أنا مع مجموعة.
Ich bin mit einer Gruppe hier.
[ɪç bɪn mɪt ˈaɪ̯nɐ ˈgʁʊpə hiːɐ̯]

أنا مع عائلتي.
Ich bin mit meiner Familie hier.
[ɪç bɪn mɪt ˈmaɪ̯nɐ ˌfaˈmiːli̯ə hiːɐ̯]

هل تسمح من فضلكَ بوضع الختم على جواز سفري؟
Würden Sie bitte meinen Reisepass abstempeln?
[ˈvʏʁdən ziː ˈbɪtə ˈmaɪ̯nən ˈʁaɪ̯zəˌpas ˈapˌʃtɛmpl̩n]

Zoll - الجمرك

ها هو تصريحي.
Hier ist meine Zollerklärung.
[hiːɐ̯ ɪst 'maɪ̯nə 'ʦɔlɛɐ̯ˌklɛːʀʊŋ]

معي أشياء للاستعمال الشخصي فقط.
Ich habe nur persönliche Sachen.
[ɪç 'haːbə nuːɐ̯ ˌpɛɐ̯'zøːnlɪçə 'zaχn̩]

أنوي البقاء بضعة أسابيع.
Ich habe vor, ein paar Wochen hier zu bleiben.
[ɪç 'haːbə foːɐ̯ aɪ̯n paːɐ̯ 'vɔχn̩ hiːɐ̯ ʦuː 'blaɪ̯bm̩]

هل تسمح لي باستمارة جمرك أخرى؟
Kann ich noch ein Zollformular bekommen?
[kan ɪç nɔχ aɪ̯n 'ʦɔlfɔʁmuˌlaːɐ̯ ˌbə'kɔmən]

ليس عندي ما أصرح عنه.
Ich habe nichts zu verzollen.
[ɪç 'haːbə nɪçts ʦuː ˌfɛɐ̯'ʦɔlən]

هذا هو جواز مروري العابر.
Das ist mein Transitvisum.
[das ɪst maɪ̯n tʀan'ziːtˌviːzʊm]

كلمات مفيدة

Zoll [ʦɔl] . . . . الجمرك.
Grenzübergang ['gʀɛnʦʔyːbeˌgaŋ] . . . . عبور الحدود
Grüner Korridor ['gʀyːnɐ 'kɔʀidoːɐ̯] . . . . الممر الأخضر.
Roter Korridor ['ʀoːtɐ 'kɔʀidoːɐ̯]. . . . . الممر الأحمر
Nichts zu verzollen [nɪçts ʦuː fɛɐ̯'ʦɔlən] . . . . ليس عندي ما أصرح عنه.
Waren zu verzollen ['vaːʀən ʦuː fɛɐ̯'ʦɔlən] . . . . بضائع للتصريح عنها
Duty Free Shop ['djuːti fɹiː ʃɔp]. . . . . السوق الحرة

Touristen-Information - استعلامات السياحة

أين يقع مكتب تحويل العملات؟
Wo ist die Wechselstube?
[vo: ɪst di: 'vɛksl̩ˌʃtu:bə]

أين يقع مكتب تأجير السيارات؟
Wo ist der Autoverleih?
[vo: ɪst de:ɐ̯ 'au̯tofɛɐ̯ˌlaɪ̯]

أين توجد الباصات؟
Wo ist die Bushaltestelle?
[vo: ɪst di: 'bʊshaltəˌʃtɛlə]

أين توجد سيارات الأجرة؟
Wo ist der Taxistand?
[vo: ɪst de:ɐ̯ 'taksiˌʃtant]

كم يستغرق حجز رحلة طيران مواصلة؟
Wie lange muss ich auf den Anschluss warten?
[vi: 'laŋə mʊs ɪç au̯f de:n 'anʃlʊs 'vaʁtən]

هل يمكنني حجز غرفة في فندق هنا؟
Kann ich hier ein Hotelzimmer reservieren?
[kan ɪç hi:ɐ̯ aɪ̯n ho'tɛlˌt͡sɪmɐ ˌʀezɛʁ'vi:ʀən]

أين يمكنني أن استقل الباص إلى المدينة؟
Wo hält der Shuttlebus?
[vo: hɛlt de:ɐ̯ 'ʃʌtlˌbʊs]

خذني هنا من فضلكَ.
Bringen Sie mich bitte hierhin.
['bʀɪŋən zi: mɪç 'bɪtə 'hi:ɐ̯hɪn]

هل هذه رحلة طيران مباشرة؟
Ist das ein Direktflug?
[ɪst das aɪ̯n di'ʀɛkt,flu:k]

هل ذلك قطار سريع؟
Ist das ein Expresszug?
[ɪst das aɪ̯n ɛks'pʀɛs,t͡su:k]

هل هذه رحلة طيران بدون توقف؟
Ist das ein Nonstopp-Flug?
[ɪst das aɪ̯n 'nɔnʃtɔp,flu:k]

هل توجد مقاعد شاغرة على الطائرة؟
Gibt es noch Plätze auf dem Flug?
[gi:pt ɛs nɔχ 'plɛt͡sə aʊ̯f de:m flu:k]

هل توجد مقاعد شاغرة في القطار؟
Gibt es noch Plätze in dem Zug?
[gi:pt ɛs nɔχ 'plɛt͡sə ɪn de:m t͡su:k]

هل توجد مقاعد شاغرة في الباص؟
Gibt es noch Plätze in dem Bus?
[gi:pt ɛs nɔχ 'plɛt͡sə ɪn de:m bʊs]

كم مرة تقوم رحلات الطيران؟
Wie oft gehen die Flüge?
[vi: ɔft 'ge:ən di: 'fly:gə]

كم مرة تقوم القطارات؟
Wie oft fahren die Züge?
[vi: ɔft 'fa:ʀən di: 't͡sy:gə]

كم مرة تقوم الباصات؟
Wie oft fahren die Busse?
[vi: ɔft 'fa:ʀən di: 'bʊsə]

كيف يمكنني الوصول إلى هذا المكان من هنا؟
Wie kann ich von hier zu diesem Ort kommen?
[vi: kan ɪç fɔn hi:ɐ̯ t͡su: 'di:zəm ɔʁt 'kɔmən]

هل يتوجب عليّ أن أغير الطائرات؟
Muss ich von einem Flugzeug in ein anderes umsteigen?
[mʊs ɪç fɔn 'aɪ̯nəm 'flu:kˌʦɔɪ̯k ɪn aɪ̯n 'anˌdərəs 'ʊmˌʃtaɪ̯gən]

أود حجز مقعد في هذه الطائرة.
Ich würde gerne einen Platz in diesem Flugzeug reservieren.
[ɪç 'vʏʁdə 'gɛʁnə 'aɪ̯nən plaʦ ɪn 'di:zəm 'flu:kˌʦɔɪ̯k ˌʀezɛʁ'vi:ʀən]

هل يتوجب عليّ أن أغير القطارات؟
Muss ich von einem Zug in einen anderen umsteigen?
[mʊs ɪç fɔn 'aɪ̯nəm ʦu:k ɪn 'aɪ̯nən 'anˌdəʀən 'ʊmˌʃtaɪ̯gən]

هل يتوجب عليّ أن أغير الباصات؟
Muss ich von einem Bus in einen anderen umsteigen?
[mʊs ɪç fɔn 'aɪ̯nəm bʊs ɪn 'aɪ̯nən 'anˌdəʀən 'ʊmˌʃtaɪ̯gən]

أود حجز مقعد في هذا القطار.
Ich würde gerne einen Platz in diesem Zug reservieren.
[ɪç 'vʏʁdə 'gɛʁnə 'aɪ̯nən plaʦ ɪn 'di:zəm ʦu:k ˌʀezɛʁ'vi:ʀən]

أود حجز مقعد في هذا الباص.
Ich würde gerne einen Platz in diesem Bus reservieren.
[ɪç 'vʏʁdə 'gɛʁnə 'aɪ̯nən plaʦ ɪn 'di:zəm bʊs ˌʀezɛʁ'vi:ʀən]

ما سعر التذكرة؟
Was kostet das Ticket?
[vas 'ko:stət das 'tɪkət]

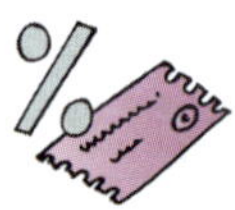

هل توجد أية أسعار تذاكر مخفضة؟
Gibt es irgendwelche ermäßigte Tarife?
[gi:pt ɛs 'ɪʁgn̩tˌvɛlçə ˌɛɐ̯'mɛ:sɪçtə ˌta'ʀi:fə]

تذكرة واحدة في درجة رجال الأعمال من فضلكَ.
Ein Businessclass-Ticket, bitte.
[aɪ̯n 'bɪznɪskla:sˌtɪkət 'bɪtə]

تذكرة واحدة في الدرجة السياحية من فضلكَ.
Ein Economyclass-Ticket, bitte.
[aɪ̯n i'kɔnəmikla:sˌtɪkət 'bɪtə]

تذكرة ذهاب وعودة من فضلكَ.
Eine Rückfahrkarte, bitte.
['aɪ̯nə 'ʀʏkfa:ɐ̯ˌkaʁtə 'bɪtə]

تذكرة ذهاب فقط من فضلكَ.
Eine einfache Fahrkarte, bitte.
['aɪ̯nə 'aɪ̯nˌfaχə 'fa:ɐ̯ˌkaʁtə 'bɪtə]

في أي وقت يتوجب عليّ أن أكون في المطار؟
Wie früh muss ich am Flughafen sein?
[vi: fʀy: mʊs ɪç am 'flu:kˌha:fn̩ zaɪ̯n]

في أي وقت يتوجب عليّ أن أكون في المحطة؟
Wie früh muss ich am Bahnhof sein?
[vi: fʀy: mʊs ɪç am 'ba:nˌho:f zaɪ̯n]

في أي وقت يجب عليّ أن أسجّل إسمي؟
Um wie viel Uhr soll ich einchecken?
[ʊm vi: fi:l u:ɐ̯ zɔl ɪç 'aɪ̯nˌʧɛkn̩]

متى تقلع الطائرة؟
Um wie viel Uhr geht der Flug?
[ʊm viː fiːl uːɐ̯ geːt deːɐ̯ fluːk]

متى ينطلق القطار؟
Um wie viel Uhr fährt der Zug?
[ʊm viː fiːl uːɐ̯ fɛːɐ̯t deːɐ̯ ʦuːk]

متى يغادر الباص؟
Um wie viel Uhr fährt der Bus?
[ʊm viː fiːl uːɐ̯ fɛːɐ̯t deːɐ̯ bʊs]

ليس معي أمتعة.
Ich habe kein Gepäck.
[ɪç 'haːbə kaɪ̯n gə'pɛk]

كم من الأمتعة يمكنني أن أخذها؟
Wie viel Gepäck kann ich mitnehmen?
[viː fiːl gə'pɛk kan ɪç 'mɪtˌneːmən]

أود إلغاء الحجز.
Ich möchte meine Reservierung stornieren.
[ɪç 'mœçtə 'maɪ̯nə ˌʀezɛʁ'viːʀʊŋ ʃtoʁ'niːʀən]

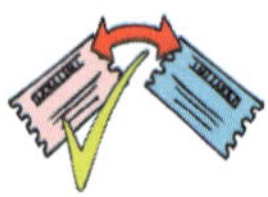

أود تغيير الحجز.
Ich möchte meine Reservierung ändern.
[ɪç 'mœçtə 'maɪ̯nə ˌʀezɛʁ'viːʀʊŋ 'ɛndən]

أود تأكيد الحجز.
Ich möchte meine Reservierung bestätigen.
[ɪç 'mœçtə 'maɪ̯nə ˌʀezɛʁ'viːʀʊŋ ˌbə'ʃtɛːtɪgən]

متى نصل؟
Um wie viel Uhr kommen wir an?
[ʊm viː fiːl uːɐ̯ 'kɔmən viːɐ̯ an]

Flugabfertigung - حجز رحلة الطيران

أين أسجّل اسمي؟
Wo ist das Check-in?
[vo: ɪst das 'tʃɛkɪn]

من أية بوابة تغادر هذه الرحلة؟
Von welchem Flugsteig geht dieser Flug?
[fɔn 'vɛlχəm 'flu:kʃtaɪ̯k ge:t 'di:zɐ flu:k]

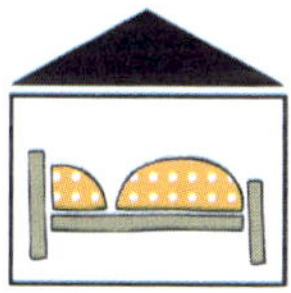

أرسل أمتعتي إلى الفندق، من فضلك.
Schicken Sie bitte mein Gepäck zum Hotel.
['ʃɪkn̩ zi: 'bɪtə maɪ̯n gə'pɛk tsʊm ho'tɛl]

كم تبلغ قيمة ما يجب دفعه مقابل الوزن الزائد في الأمتعة؟
Wie hoch ist die Gebühr für Übergepäck?
['aɪ̯nə 'aɪ̯n,faχə 'fa:ɐ̯,kaʁtə 'bɪtə]

متى يبدأ الصعود على متن الطائرة؟
Um wie viel Uhr kann man an Bord gehen?
[ʊm vi: fi:l u:ɐ̯ kan man an bɔʁt 'ge:ən]

Flugabfertigung - حجز رحلة الطيران

هل هناك أي تأخير؟
Gibt es Verspätungen?
[gi:pt ɛs ˌfɛɐ̯ˈʃpɛ:tʊŋən]

هل ستقلع هذه الرحلة في موعدها؟
Wird dieser Flug rechtzeitig starten?
[vɪʁt ˈdi:zɐ flu:k ˈʀɛçtˌtsaɪ̯tɪç ˈʃtaʁtn̩]

أريد مقعدا بقرب الممر من فضلكَ.
Ich hätte gerne einen Platz am Gang bitte.
[ɪç ˈhɛtə ˈgɛʁnə ˈaɪ̯nən plats am gaŋ ˈbɪtə]

أريد مقعدا بقرب النافذة من فضلكَ.
Ich hätte gerne einen Fensterplatz bitte.
[ɪç ˈhɛtə ˈgɛʁnə ˈaɪ̯nən ˈfɛnstɐˌplats ˈbɪtə]

هل يمكننا التسوق في المطار؟
Können wir in diesem Flughafen einkaufen gehen?
[ˈkœnən vi:ɐ̯ ɪn ˈdi:zəm ˈflu:kˌha:fn̩ ˈaɪ̯nˌkaʊ̯fn̩ ˈge:ən]

بأية عملة هذا؟
In welcher Währung ist das?
[ɪn ˈvɛlçɐ ˈvɛ:ʀʊŋ ɪst das]

هل يتوجب عليّ دفع جمارك على البضائع التي اشتريتها هنا؟
Muss ich für die hier gekauften Waren Zoll bezahlen?
[mʊs ɪç fyːɐ̯ diː hiːɐ̯ ˌgəˈkaʊ̯ftn̩ ˈvaːʀən t͡sɔl ˌbəˈt͡saːlən]

من فضلكَ أعطني إيصالا.
Bitte geben Sie mir eine Quittung.
[ˈbɪtə ˈgeːbn̩ ziː miːɐ̯ ˈaɪ̯nə ˈkvɪtʊŋ]

هل يمكنني الدفع باليورو؟
Kann ich mit Euro bezahlen?
[kan ɪç mɪt ˈɔɪ̯ʀo ˌbəˈt͡saːlən]

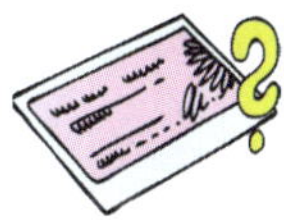

هل يمكنني الدفع بالشيكات السياحية؟
Kann ich mit Reiseschecks bezahlen?
[kan ɪç mɪt ˈʀaɪ̯zəʃɛks ˌbəˈt͡saːlən]

كلمات مفيدة

Ankunft [ˈankʊnft] . . . . الوصول
Abflug [ˈapˌfluːk]. . . . . المغادرة
Sicherheitscheck [ˈzɪçɐhaɪ̯tsˌt͡ʃɛk]. مراقبة الأمن
Passkontrolle [ˈpaskɔnˌtʀɔlə] . . . . مراقبة جوازات السفر
Flugsteig [ˈfluːkʃtaɪ̯k] . . . . بوابة
verspätet [fɛɐ̯ˈʃpɛːtət] . . . . متأخر
gelandet [gəˈlandət]. . . . . هبطت
gestrichen [gəˈʃtʀɪçn̩] . . . . ألغيت
Flug [fluːk]. . . . . رحلة طيران
Flugnummer [ˈfluːkˌnʊmɐ] . . . . رقم رحلة طيران
Bordkarte [ˈbɔʁtˌkaʁtə] . . . . جواز المرور على متن الطائرة

أين يمكنني الحصول على أمتعتي؟
Wo kann ich mein Gepäck bekommen?
[vo: kan ɪç maɪ̯n gəˈpɛk ˌbəˈkɔmən]

لا أستطيع إيجاد أمتعتي.
Ich kann mein Gepäck nicht finden.
[ɪç kan maɪ̯n gəˈpɛk nɪçt ˈfɪndn̩]

أين عربات الأمتعة؟
Wo sind die Gepäckwagen?
[vo: zɪnt di: gəˈpɛkˌva:gn̩]

أين خزائن الأمتعة؟
Wo sind die Gepäckschließfächer?
[vo: zɪnt di: gəˈpɛkʃli:sˌfɛçɐ]

لم أستلم بطاقة استعادة الأمتعة عند تسجيلي.
Ich habe beim Einchecken keinen Gepäckschein bekommen.
[ɪç ˈha:bə baɪ̯m ˈaɪ̯nˌʧɛkn̩ ˈkaɪ̯nən gəˈpɛkʃaɪ̯n ˌbəˈkɔmən]

أمتعتي مكسورة وبعض الأشياء مفقودة منها.
Mein Gepäck ist beschädigt, und einige Sachen fehlen.
[maɪ̯n gəˈpɛk ɪst ˌbəˈʃɛ:dɪçt ʊnt ˈaɪ̯nɪgə ˈzaχn̩ ˈfe:lən]

هذه هي أمتعتي.
Das ist mein Gepäck.
[das ɪst maɪ̯n gəˈpɛk]

Im Flugzeug - على متن الطائرة

أين هذا المقعد؟
Wo ist dieser Platz?
[vo: ɪst 'di:zɐ plaʦ]

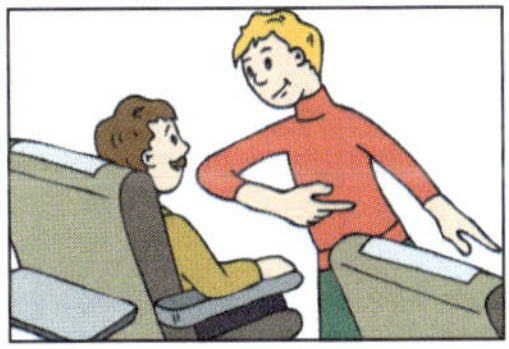

هل يمكنني تبادل المقاعد معكَ؟
Kann ich den Platz mit Ihnen tauschen?
[kan ɪç de:n plaʦ mɪt 'i:nən 'taʊ̯ʃn̩]

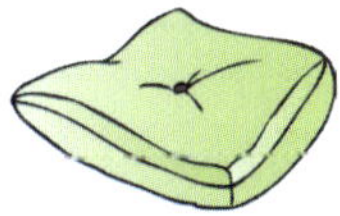

هلا أحضرتَ لي من فضلكَ وسادة؟
Würden Sie mir bitte ein Kopfkissen holen?
['vʏʁdən zi: mi:ɐ̯ 'bɪtə aɪ̯n 'kɔpf,kɪsn̩ 'ho:lən]

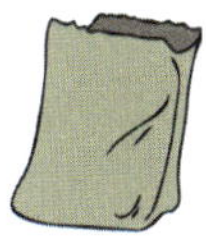

كيس دوار الجو من فضلكَ.
Eine Spucktüte, bitte.
['aɪ̯nə 'ʃpʊk,ty:tə 'bɪtə]

من فضلكَ أعطني زجاجة بيرة.
Bitte geben Sie mir eine Flasche Bier.
['bɪtə 'ge:bn̩ zi: mi:ɐ̯ 'aɪ̯nə 'flaʃə bi:ɐ̯]

من فضلكَ أعطني كأس نبيذ.
Bitte geben Sie mir ein Glas Wein.
['bɪtə 'ge:bn̩ zi: mi:ɐ̯ aɪ̯n gla:s vaɪ̯n]

هل لي بمشروب آخر؟
Kann ich noch ein Getränk bekommen?
[kan ɪç nɔχ aɪ̯n gə'tʁɛŋk ,bə'kɔmən]

أريد أن أطلب بعض المأكولات.
Ich möchte etwas zu essen bestellen.
[ɪç 'mœçtə 'ɛtvas ʦu: 'ɛsn̩ ,bə'ʃtɛlən]

أريد بعض الشاي من فضلكَ.
Ich hätte gerne einen Tee, bitte.
[ɪç ˈhɛtə ˈɡɛʁnə ˈaɪ̯nən teː ˈbɪtə]

أريد بعض القهوة من فضلكَ.
Ich hätte gerne einen Kaffee, bitte.
[ɪç ˈhɛtə ˈɡɛʁnə ˈaɪ̯nən ˈkafe ˈbɪtə]

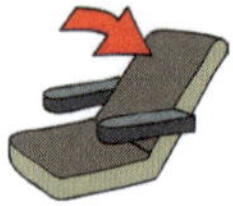

هل أستطيع أن أتكئ بمقعدي؟
Kann ich meinen Sitz zurückstellen?
[kan ɪç ˈmaɪ̯nən zɪt͡s t͡suˈʀʏkʃtɛlən]

متى تغادر الرحلة؟
Wann wird das Flugzeug abfliegen?
[van vɪʁt das ˈfluːkˌt͡sɔɪ̯k ˈapˌfliːɡn̩]

متى تصل الرحلة؟
Wann wird das Flugzeug landen?
[van vɪʁt das ˈfluːkˌt͡sɔɪ̯k ˈlandn̩]

كم ستتأخر؟
Wie groß wird die Verspätung sein?
[viː ɡʀoːs vɪʁt diː ˌfɛɐ̯ˈʃpɛːtʊŋ zaɪ̯n]

أشعر بالغثيان.
Mir ist schlecht.
[ˈmiːɐ̯ ɪst ʃlɛçt]

كم من الوقت سنتوقف هنا؟
Wie lange haben wir hier Aufenthalt?
[viː ˈlaŋə ˈhaːbən viːɐ̯ hiːɐ̯ ˈaʊ̯fʔɛnthalt]

كلمات مفيدة

Bitte anschnallen. [ˈbɪtə ˈanʃnalən] . . . . اربطوا أحزمة المقاعد.
Sauerstoffmaske [ˈzaʊ̯ɐʃtɔfmaskə] . . . . قناع الأكسجين
Toilette [to̯aˈlɛtə] . . . . مرحاض

Zug/Bus - القطار/الباص

أيمكنني الحصول على جدول المواعيد؟
Könnte ich einen Fahrplan bekommen?
['kœntə ɪç 'aɪ̯nən 'faːɐ̯ˌplaːn ˌbə'kɔmən]

هل جدول مواعيد هذا الباص هو الجدول الحالي؟
Ist dieser Busfahrplan aktuell?
[ɪst 'diːzɐ 'bʊsˌfaːɐ̯plaːn ak'tu̯ɛl]

هل جدول مواعيد هذا القطار هو الجدول الحالي؟
Ist dieser Zugfahrplan aktuell?
[ɪst 'diːzɐ 'tsuːkˌfaːɐ̯plaːn ak'tu̯ɛl]

فاتني الباص. متى يغادر التالي؟
Ich habe den Bus verpasst. Wann fährt der nächste ab?
[ɪç 'haːbə deːn bʊs fɛɐ̯'past van fɛːɐ̯t deːɐ̯ 'nɛːçstə ap]

هل توجد عربة الطعام؟
Gibt es hier einen Speisewagen?
[giːpt ɛs hiːɐ̯ 'aɪ̯nən 'ʃpaɪ̯zəˌvaːgn̩]

هل هذا القطار مباشر؟
Ist das ein direkter Zug?
[ɪst das aɪ̯n ˌdi'ʀɛktɐ tsuːk]

كم يستغرق توقف القطار هنا؟
Wie lange hält der Zug hier?
[viː 'laŋə hɛlt deːɐ̯ tsuːk hiːɐ̯]

Zug/Bus - القطار/الباص

في أي عربة يوجد مقعدي؟
In welchem Wagen ist mein Platz?
[ɪn 'vɛlχəm 'va:gn̩ ɪst maɪ̯n plaʦ]

أين مقعدي؟
Wo ist mein Sitzplatz?
[vo: ɪst maɪ̯n 'zɪʦ,plaʦ]

أين مقصورتي؟
Wo ist mein Abteil?
[vo: ɪst maɪ̯n ap'taɪ̯l]

هل هذا المقعد مشغول؟
Ist dieser Platz besetzt?
[ɪst 'di:zɐ plaʦ bə'zɛʦt]

اعتقد أن هذا مقعدي.
Ich glaube, das ist mein Platz.
[ɪç 'glaʊ̯bə das ɪst maɪ̯n plaʦ]

أين تقع المحطة القادمة؟
Wo ist die nächste Haltestelle?
[vo: ɪst di: ˈnɛ:çstə ˈhaltəʃtɛlə]

في أي محطة يجب عليّ النزول؟
An welcher Haltestelle soll ich aussteigen?
[an ˈvɛlçɐ ˈhaltəʃtɛlə zɔl ɪç ˈaʊ̯sʃtaɪ̯gən]

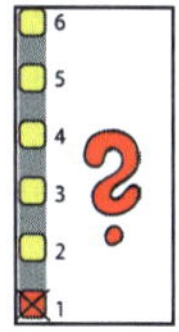

كم عدد المحطات من هنا؟
Wie viele Haltestellen sind es von hier?
[vi: ˈfi:lə ˈhaltəʃtɛlən zɪnt ɛs fɔn hi:ɐ̯]

توقف هنا، من فضلكَ.
Bitte halten Sie hier an.
[ˈbɪtə ˈhaltn̩ zi: hi:ɐ̯ an]

كم يستغرق توقف الباص هنا؟
Wie lange hält der Bus hier?
[vi: ˈlaŋə hɛlt de:ɐ̯ bʊs hi:ɐ̯]

كلمات مفيدة

Gepäckfach [gəˈpɛkfaχ] . . . . . . رف الأمتعة
Abteil [apˈtaɪ̯l] . . . . . . مقصورة
Wagen [ˈva:gn̩] . . . . . . عربة
Bestimmungsort [bəˈʃtɪmʊŋsˌʔɔʁt] . . . . . . مكان الوصول
Abfahrtszeit [ˈapfa:ɐ̯tsˌtsaɪ̯t] . . . . . . وقت المغادرة
Strecke [ˈʃtʀɛkə] . . . . . . سكك الحديد
Wartesaal [ˈvaʁtəˌza:l] . . . . . . غرفة الانتظار
Zu den Zügen [tsu: de:n ˈtsy:gn̩] . . . . . . إلى الأرصفة.
Fundbüro [ˈfʊntbyʀo] . . . . . . مكتب المفقودات
Notbremse [ˈno:tˌbʀɛmzə] . . . . . . فرملة الطوارئ
Alarm [aˈlaʁm] . . . . . . إنذار
Bedarfshaltestelle [bəˈdaʁfsˌhaltəʃtɛlə] . . . . . . طلب التوقف
Nachtbus [ˈnaχtˌbʊs] . . . . . . باص ليلي.

Fähre/Schiff - العبارة/السفينة

أين الرصيف؟
Wo ist der Kai?
[vo: ɪst deːɐ̯ kaɪ̯]

أين يمكنني أن أصعد على متن السفينة؟
Wo kann ich an Bord des Schiffes gehen?
[vo: kan ɪç an bɔʁt dɛs 'ʃɪfəs 'geːən]

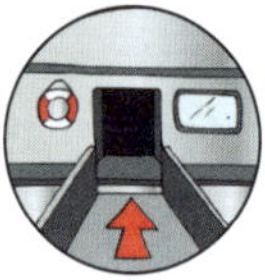

في أي وقت تبحر السفينة؟
Um wie viel Uhr fährt das Schiff ab?
[ʊm vi: fi:l u:ɐ̯ fɛ:ɐ̯t das ʃɪf ap]

في أي وقت ترسو السفينة؟
Um wie viel Uhr kommt das Schiff an?
[ʊm vi: fi:l u:ɐ̯ kɔmt das ʃɪf an]

هل يمكنكَ أن تدلني على قمرتي من فضلكَ؟
Könnten Sie mir bitte den Weg zu meiner Kabine zeigen?
['kœntn̩ zi: mi:ɐ̯ 'bɪtə de:n ve:k tsu: 'maɪ̯nɐ ˌka'bi:nə 'tsaɪ̯gn̩]

كلمات مفيدة

Rettungsboot ['ʀɛtʊŋsˌbo:t] . . . . قارب نجاة
Rettungsweste ['ʀɛtʊŋsˌvɛstə] . . . . سترة نجاة
Kabine [ka'bi:nə] . . . . قمرة
Deck [dɛk]. . . . . ظهر السفينة
oberes Deck ['o:bərəs dɛk]. . . . . ظهر السفينة العلوي
unteres Deck ['ʊntərəs dɛk]. . . . . ظهر السفينة السفلي

Hotel

الفندق

أريد غرفة.
Ich hätte gerne ein Zimmer.
[ɪç 'hɛtə 'gɛʁnə aɪ̯n 'ʦɪmɐ]

لقد قمت بالحجز.
Ich habe reserviert.
[ɪç 'ha:bə ˌʁezɛʁ'vi:ɐ̯t]

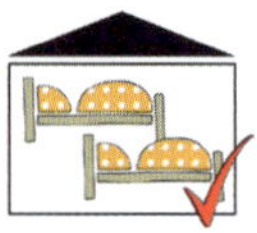

هناك حجز باسمي واسم عائلتي.
Es ist für mich und meine Familie reserviert worden.
[ɛs ɪst fy:ɐ̯ mɪç ʊnt 'maɪ̯nə ˌfa'mi:li̯ə ˌʁezɛʁ'vi:ɐ̯t 'vɔʁdən]

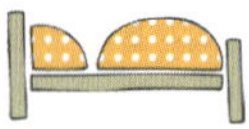

أريد غرفة لشخص واحد.
Ich hätte gerne ein Einzelzimmer.
[ɪç 'hɛtə 'gɛʁnə aɪ̯n 'aɪ̯nʦl̩ˌʦɪmɐ]

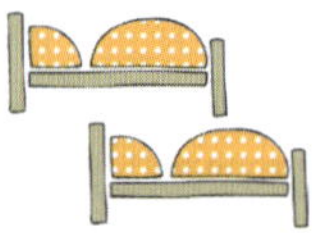

أريد غرفة لشخصين.
Ich hätte gerne ein Doppelzimmer.
[ɪç 'hɛtə 'gɛʁnə aɪ̯n 'dɔpl̩ˌʦɪmɐ]

هل لديكم غرفة لشخص واحد؟
Haben Sie ein Zimmer für eine Person?
['ha:bən zi: aɪ̯n 'ʦɪmɐ fy:ɐ̯ 'aɪ̯nə pɛʁ'zo:n]

هل لديكم غرفة لشخصين؟
Haben Sie ein Zimmer für zwei Personen?
['ha:bən zi: aɪ̯n 'ʦɪmɐ fy:ɐ̯ ʦvaɪ̯ ˌpɛʁ'zo:nən]

Reservierung - الحجز

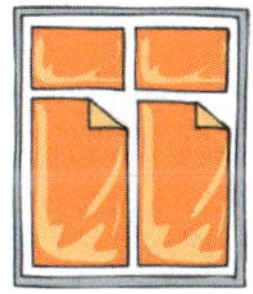

أريد غرفة بسرير لشخصين.
Ich hätte gerne ein Zimmer mit einem Doppelbett.
[ɪç ˈhɛtə ˈɡɛʁnə aɪ̯n ˈʦɪmɐ mɪt ˈaɪ̯nəm ˈdɔpl̩ˌbɛt]

أريد غرفة بسريرين.
Ich hätte gerne ein Zimmer mit zwei Einzelbetten.
[ɪç ˈhɛtə ˈɡɛʁnə aɪ̯n ˈʦɪmɐ mɪt ʦvaɪ̯ ˈaɪ̯nʦl̩ˌbɛtn̩]

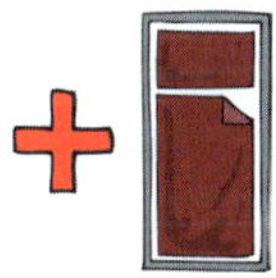

هل تستطيع وضع سرير إصافي في الغرفة؟
Könnten Sie ein zusätzliches Bett mit ins Zimmer stellen?
[ˈkœntn̩ ziː aɪ̯n ˈʦuːˌzɛʦlɪçəs bɛt mɪt ɪns ˈʦɪmɐ ˈʃtɛlən]

كم تتكلف في الليلة؟
Wie viel kostet es pro Nacht?
[viː fiːl ˈkoːstət ɛs pʀoː naχt]

كم تتكلف من أجل المبيت والإفطار؟
Wie viel kostet es für Zimmer mit Frühstück?
[viː fiːl ˈkoːstət ɛs fyːɐ̯ ˈʦɪmɐ mɪt ˈfʀyːʃtʏk]

سوف آخذ هذه الغرفة ليلة واحدة.
Ich werde dieses Zimmer für eine Nacht nehmen.
[ɪç ˈveːɐ̯də ˈdiːzəs ˈʦɪmɐ fyːɐ̯ ˈaɪ̯nə naχt ˈneːmən]

سوف آخذ هذه الغرفة لمدة أسبوع.
Ich werde dieses Zimmer für eine Woche nehmen.
[ɪç ˈveːɐ̯də ˈdiːzəs ˈʦɪmɐ fyːɐ̯ ˈaɪ̯nə ˈvɔχə ˈneːmən]

متى موعد مغادرة الفندق؟
Wann ist die Abreisezeit?
[van ɪst di: 'apʀaɪ̯zəˌtsaɪ̯t]

أيوجد شئ أرخص؟
Gibt es etwas Billigeres?
[gi:pt ɛs 'ɛtvas 'bɪlɪgəʀəs]

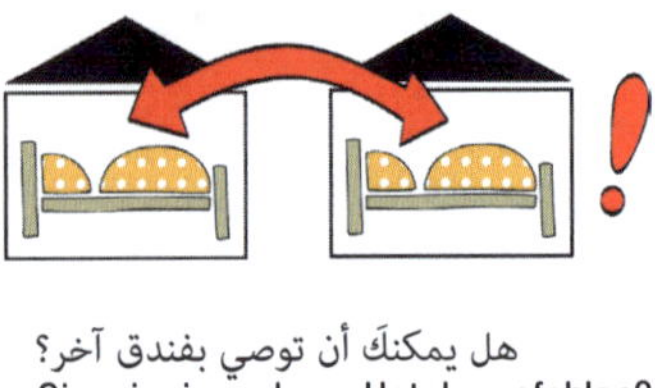

هل يمكنكَ أن توصي بفندق آخر؟
Können Sie mir ein anderes Hotel empfehlen?
['kœnən zi: mi:ɐ̯ aɪ̯n 'andəʀəs ho'tɛl ˌɛm'pfe:lən]

كلمات مفيدة

Reservierung [ʀezɛʁ'vi:ʀʊŋ] . . . . . الحجز
Freie Zimmer ['fʀaɪ̯ə 'tsɪmɐ] . . . . . غرف شاغرة
Ausgebucht ['aʊ̯sgəˌbu:χt] . . . . . لا يوجد غرف شاغرة
Rezeption [ˌʀetsɛp'tsi̯o:n] . . . . . الإستعلامات
Portier [ˌpɔʁ'ti̯e:] . . . . . موظف استقبال
Administrator [ˌatminɪs'tʀa:to:ɐ̯] . . . . . رجل إدارة
Manager ['mɛnɪdʒɐ] . . . . . مدير

Service - خدمة الغرف

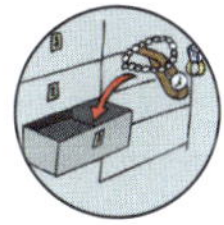

أود إيداع بعض الأشياء الثمينة في الأمانات.
Ich würde gerne ein paar Wertsachen in das Schließfach legen.
[ɪç ˈvʏʁdə ˈɡɛʁnə aɪ̯n paːɐ̯ ˈveːɐ̯tˌzaχən ɪn das ˈʃliːsˌfaχ ˈleːɡn̩]

أود استرداد أشيائي الثمينة.
Ich hätte gerne meine Wertsachen zurück.
[ɪç ˈhɛtə ˈɡɛʁnə ˈmaɪ̯nə ˈveːɐ̯tˌzaχən ʦuˈʀʏk]

هل تسمح بإرسال أمتعتي إلى غرفتي؟
Könnten Sie bitte das Gepäck auf mein Zimmer bringen lassen?
[ˈkœntn̩ ziː ˈbɪtə das ɡəˈpɛk aʊ̯f maɪ̯n ˈʦɪmɐ ˈbʀɪŋən ˈlasn̩]

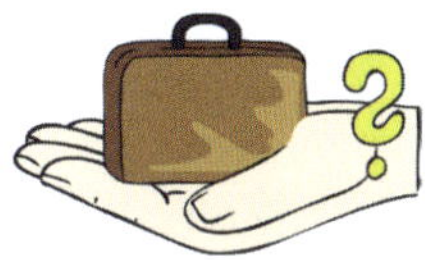

هل تستطيع أن تحفظ لي هذه الحقائب؟
Könnten Sie das Gepäck für mich aufbewahren?
[ˈkœntn̩ ziː das ɡəˈpɛk fyːɐ̯ mɪç ˈaʊ̯fbəˌvaːʀən]

ادخل.
Herein.
[hɛˈʀaɪ̯n]

خدمة الغرف، من فضلكَ.
Zimmerservice, bitte.
[ˈʦɪmɐˌsɜːvɪs ˈbɪtə]

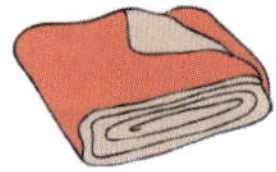

من فضلكَ أحضر لي بطانية.
Bitte bringen Sie mir eine Decke.
[ˈbɪtə ˈbʀɪŋən ziː miːɐ̯ ˈaɪ̯nə ˈdɛkə]

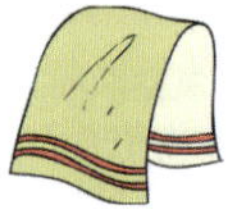

من فضلكَ أحضر لي منشفة أخرى.
Bitte bringen Sie mir noch ein Handtuch.
[ˈbɪtə ˈbʀɪŋən ziː miːɐ̯ nɔχ aɪ̯n ˈhantˌtuːχ]

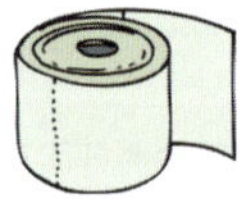

من فضلكَ أحضر لي بعضا من ورق الحمام.
Bitte bringen Sie mir etwas Toilettenpapier.
[ˈbɪtə ˈbʀɪŋən ziː miːɐ̯ ˈɛtvas to̯aˈlɛtn̩paˌpiːɐ̯]

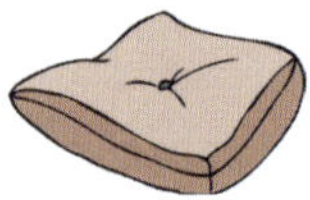

من فضلكَ أحضر لي وسادة أخرى.
Bitte bringen Sie mir noch ein Kopfkissen.
[ˈbɪtə ˈbʀɪŋən ziː miːɐ̯ nɔχ aɪ̯n ˈkɔpfˌkɪsn̩]

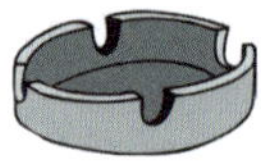

من فضلكَ أحضر لي منفضة سجائر.
Bitte bringen Sie mir einen Aschenbecher.
[ˈbɪtə ˈbʀɪŋən ziː miːɐ̯ ˈaɪ̯nən ˈaʃn̩ˌbɛçɐ]

أين المطعم؟
Wo ist das Restaurant?
[voː ɪst das ˌʀɛstoˈʀãː]

هل يوجد مطعم يقدم وجبات سريعة؟
Gibt es hier eine Imbissstube?
[giːpt ɛs hiːɐ̯ ˈaɪ̯nə ˈɪmbɪsˌʃtuːbə]

متى تقدمون الوجبات؟
Zu welcher Uhrzeit gibt es Mahlzeiten?
[t͡suː ˈvɛlçɐ ˈuːɐ̯ˌt͡saɪ̯t giːpt ɛs ˈmaːlˌt͡saɪ̯tn̩]

أود طلب طعام الإفطار للغد.
Ich würde gerne für morgen Frühstück bestellen.
[ɪç ˈvʏʁdə ˈgɛʁnə fyːɐ̯ ˈmorgen ˈfʀyːʃtʏk ˌbəˈʃtɛlən]

هل أستطيع المشي أو ينبغي عليّ أن أستقل سيارة أجرة؟
Kann ich laufen oder sollte ich ein Taxi nehmen?
[kan ɪç 'laʊ̯fn̩ 'o:dɐ 'zɔltə ɪç aɪ̯n 'taksi 'ne:mən]

هل هناك رسالة تلفونية لي؟
Gibt es Telefonnachrichten für mich?
[gi:pt ɛs tɛ'lɛfɔ:nˌna:χʀɪçtn̩ fy:ɐ̯ mɪç]

هل هناك أي بريد لي؟
Gibt es irgendwelche Post für mich?
[gi:pt ɛs 'ɪʁgn̩tˌvɛlçə pɔst fy:ɐ̯ mɪç]

من فضلكَ أعطني بطاقة تعريف عليها عنوان الفندق.
Bitte geben Sie mir eine Visitenkarte mit der Hoteladresse.
['bɪtə 'ge:bn̩ zi: mi:ɐ̯ 'aɪ̯nə vi'zi:tn̩ˌkaʁtə mɪt de:ɐ̯ ho'tɛlaˌdʀɛsə]

هل تستطيع تنظيف وكي هذا الثوب؟
Bitte reinigen und bügeln Sie dieses Kleid.
['bɪtə 'ʀaɪ̯nɪgŋ̍ ʊnt 'by:gln zi: 'di:zəs klaɪ̯t]

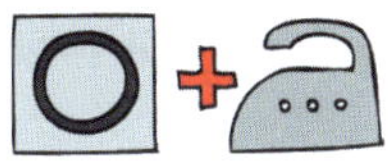

هل تسمح بإرسال هذه الملابس إلى المغسلة من فضلكَ؟
Könnten Sie bitte diese Sachen zur Wäscherei schicken?
['kœntn̩ zi: 'bɪtə 'di:zə 'zaχn̩ tsu:ɐ̯ ˌvɛʃə'ʀaɪ̯ 'ʃɪkn̩]

أود غسل هذا.
Ich würde das gerne waschen lassen.
[ɪç 'vʏʁdə das 'gɛʁnə 'vaʃn̩ 'lasn̩]

هل تستطيع إزالة هذه البقعة؟
Können Sie diesen Fleck entfernen?
['kœnən zi: 'di:zən flɛk ˌɛnt'fɛʁnən]

من فضلكَ اكو هذا.
Bitte bügeln Sie das.
['bɪtə 'by:gl̩n zi: das]

متى ستكون ملابسي جاهزة؟
Wann werden meine Sachen fertig sein?
[van 've:ɐ̯dn̩ 'maɪ̯nə 'zaxn̩ 'fɛʁtɪç 'fɛʁtɪk zaɪ̯n]

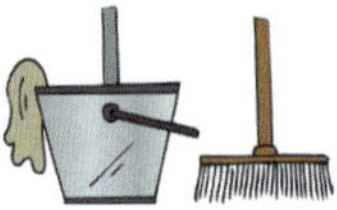

من فضلكَ رتب هذه الغرفة.
Bitte räumen Sie das Zimmer auf.
['bɪtə 'ʁɔɪ̯mən zi: das 'ʦɪmɐ aʊ̯f]

هل تسمح باستدعاء سيارة أجرة من فضلكَ؟
Bitte rufen Sie ein Taxi.
['bɪtə 'ʁu:fn̩ zi: aɪ̯n 'taksi]

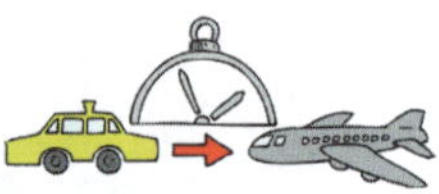

كم من الوقت يستغرق الوصول إلى المطار بسيارة أجرة؟
Wie lange fährt man mit dem Taxi zum Flughafen?
[vi: 'laŋə fɛ:ɐ̯t man mɪt de:m 'taksi tsʊm 'flu:kˌha:fn̩]

هل تعرف الكود الدولي عندكم؟
Wie ist Ihre internationale Vorwahl?
[vi: ɪst 'i:ʁə ˌɪntɐnaʦi̯o'na:lə 'fo:ɐ̯ˌva:l]

Service - خدمة الغرف

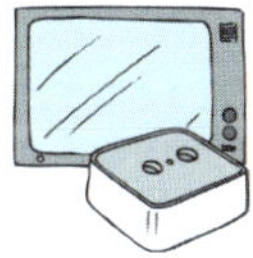

هل يوجد في الفندق تلفزيون كابلي؟
Hat das Hotel Kabelfernsehen?
[hat das ho'tɛl 'ka:bl̩ˌfɛʁnˌze:ən]

هل يوجد في الفندق جاراج؟
Hat das Hotel ein Parkhaus?
[hat das ho'tɛl aɪ̯n 'paʁkˌhaʊ̯s]

هل توجد في الفندق ساونا؟
Hat das Hotel eine Sauna?
[hat das ho'tɛl 'aɪ̯nə 'zaʊ̯na]

أين مخرج الطوارئ؟
Wo ist der Notausgang?
[vo: ɪst de:ɐ̯ 'no:tʔaʊ̯sˌgaŋ]

كلمات مفيدة

Bitte nicht stören.	['bɪtə nɪçt 'ʃtø:ʀən]	رجاء عدم الإزعاج.
Halbpension	['halppaŋˌzi̯o:n]	نصف إقامة
Zimmer mit Frühstück	['tsɪmɐ mɪt 'fʀy:ʃtʏk]	مبيت وإفطار
Vollpension	['fɔlpaŋˌzi̯o:n]	إقامة كاملة
Alles eingeschlossen	['aləs 'aɪ̯ngəʃlɔsn̩]	شاملة الكل
Restaurant	[ʀɛsto'ʀã:]	مطعم
Bar	[ba:ɐ̯]	بار
Café	[ka'fe:]	مقهى
Fahrstuhl	['fa:ɐ̯ʃtu:l]	مصعد
Souvenirladen	[zuvə'ni:ɐ̯ˌla:dn̩]	متجر المقتنيات التذكارية
Schwimmbad	['ʃvɪmba:t]	حمام السباحة
Gepäckträger	[gə'pɛkˌtʀɛ:gɐ]	حمّال
Zimmermädchen	['tsɪmɐˌmɛ:tçən]	خادمة
Information	[ɪnfɔʁma'tsi̯o:n]	استعلامات
Wäscherei	[vɛʃə'ʀaɪ̯]	مغسلة
Bewachter Parkplatz	[bə'vaχtɐ 'paʁkˌplats]	موقف سيارات بحراسة
Internetzugang	['ɪntɐnɛtˌtsu:gaŋ]	دخول إلى الإنترنت
Minibar	['mɪniˌba:ɐ̯]	ثلاجة صغيرة

Beschwerden - شكاوى

عندي مشكلة في غرفتي.
Ich habe ein Problem in meinem Zimmer.
[ɪç 'ha:bə aɪ̯n pʀo'ble:m ɪn 'maɪ̯nəm 'ʦɪmɐ]

الرائحة سيئة في غرفتي.
Es riecht schlecht in meinem Zimmer.
[ɛs ʀi:χt ʃlɛçt ɪn 'maɪ̯nəm 'ʦɪmɐ]

التلفزيون لا يعمل.
Der Fernseher funktioniert nicht.
[de:ɐ̯ 'fɛʁnˌze:ɐ ˌfʊŋkʦi̯o'ni:ɐ̯t nɪçt]

التلفون لا يعمل.
Das Telefon funktioniert nicht.
[das ˌtɛlɛ'fo:n ˌfʊŋkʦi̯o'ni:ɐ̯t nɪçt]

المفتاح لا يعمل.
Der Schlüssel funktioniert nicht.
[de:ɐ̯ 'ʃlʏsl̩ ˌfʊŋkʦi̯o'ni:ɐ̯t nɪçt]

مفتاح الكهرباء لا يعمل.
Der Schalter funktioniert nicht.
[de:ɐ̯ 'ʃaltɐ ˌfʊŋkʦi̯o'ni:ɐ̯t nɪçt]

Beschwerden - شكاوى

الثلاجة لا تعمل.
Der Kühlschrank funktioniert nicht.
[deːɐ̯ ˈkyːlʃʁaŋk ˌfʊŋkt͡si̯oˈniːɐ̯t nɪçt]

التكييف لا يعمل.
Die Klimaanlage funktioniert nicht.
[diː ˈkliːmaˌʔanlaːɡə ˌfʊŋkt͡si̯oˈniːɐ̯t nɪçt]

الدش لا يعمل.
Die Dusche funktioniert nicht.
[diː ˈduːʃə ˌfʊŋkt͡si̯oˈniːɐ̯t nɪçt]

لا يوجد ماء ساخن.
Es gibt kein warmes Wasser.
[ɛs ɡiːpt kaɪ̯n ˈvaʁməs ˈvasɐ]

الحوض مسدود.
Der Abfluss ist verstopft.
[deːɐ̯ ˈapˌflʊs ɪst fɛɐ̯ˈʃtɔpft]

النافذة لا تُغلق.
Das Fenster schließt nicht.
[das ˈfɛnstɐ ʃliːst nɪçt]

النافذة لا تفتح.
Das Fenster lässt sich nicht öffnen.
[das ˈfɛnstɐ lɛst zɪç sɪç nɪçt ˈœfnən]

غرفتي حارة جدا.
In meinem Zimmer ist es zu warm.
[ɪn ˈmaɪ̯nəm ˈt͡sɪmɐ ɪst ɛs t͡suː vaʁm]

Beschwerden - شكاوى

غرفتي باردة جدا.
In meinem Zimmer ist es zu kalt.
[ɪn ˈmaɪ̯nəm ˈt͡sɪmɐ ɪst ɛs t͡su: kalt]

أود تغيير غرفتي.
Ich würde gerne mein Zimmer wechseln.
[ɪç ˈvʏʁdə ˈɡɛʁnə maɪ̯n ˈt͡sɪmɐ ˈvɛksl̩n]

غرفتي لم ترتب بعد.
Mein Zimmer wurde nicht aufgeräumt.
[maɪ̯n ˈt͡sɪmɐ ˈvʊʁdə nɪçt ˈaʊ̯fɡəˌʀɔɪ̯mt]

توجد حشرات في هذه الغرفة.
In diesem Zimmer gibt es Ungeziefer.
[ɪn ˈdi:zəm ˈt͡sɪmɐ ɡi:pt ɛs ˈʊŋɡəˌt͡si:fɐ]

ما زلت في انتظار الإفطار الذي طلبته.
Ich warte immer noch auf das Frühstück, das ich bestellt habe.
[ɪç ˈvaʁtə ˈɪmɐ nɔχ aʊ̯f das ˈfʀy:ʃtʏk das ɪç bəˈʃtɛlt ˈha:bə]

كلمات مفيدة

Kühlschrank [ˈky:lʃʀaŋk] . . . . ثلاجة
Lampe [ˈlampə] . . . . مصباح
Klimaanlage [ˈkli:maˌʔanla:ɡə] . . . . تكييف
Heizung [ˈhaɪ̯t͡sʊŋ] . . . . تسخين
Hahn [ha:n] . . . . صنبور
Waschbecken [ˈvaʃˌbɛkn̩] . . . . حوض
Dusche [ˈdu:ʃə] . . . . دش
Schalter [ˈʃaltɐ] . . . . مفتاح الكهرباء
Fernseher [ˈfɛʁnˌze:ɐ] . . . . تلفزيون
Telefon [tɛˌlɛfɔ:n] . . . . تليفون

Bezahlung - الدفع

أنا مغادر الفندق.
Ich reise ab.
[ɪç ˈʀaɪ̯zə ap]

أريد أن أرحل قبل موعدي بيوم واحد.
Ich möchte einen Tag früher abreisen.
[ɪç ˈmœçtə ˈaɪ̯nən taːk ˈfʀyːɐ ˈapˌʀaɪ̯zn̩]

أود مد إقامتي لبضعة أيام.
Ich möchte meinen Aufenthalt um einige Tage verlängern.
[ɪç ˈmœçtə ˈmaɪ̯nən ˈaʊ̯fʔɛnthalt ʊm ˈaɪ̯nɪɡə ˈtaːɡə fɛɐ̯ˈlɛŋɐn]

هل أستطيع الدفع فيما بعد؟
Kann ich später zahlen?
[kan ɪç ˈʃpɛːtɐ ˈt͡saːlən]

سوف أدفع نقدا.
Ich werde bar zahlen.
[ɪç ˈveːɐ̯də baːɐ̯ ˈt͡saːlən]

سوف أدفع ببطاقة الائتمان.
Ich werde mit Kreditkarte zahlen.
[ɪç ˈveːɐ̯də mɪt kʀeˈdiːtˌkaʁtə ˈt͡saːlən]

هل لي بالفاتورة؟
Kann ich die Rechnung haben?
[kan ɪç diː ˈʀɛçnʊŋ ˈhaːbən]

كم كلفتني الثلاجة الصغيرة؟
Wie viel wurde mir für die Minibar berechnet?
[viː fiːl ˈvʊʁdə miːɐ̯ fyːɐ̯ diː ˈmɪniˌbaːɐ̯ ˌbəˈʀɛçnət]

كم كلفتني خدمة الغرف؟
Wie viel wurde mir für den Zimmerservice berechnet?
[viː fiːl ˈvʊʁdə miːɐ̯ fyːɐ̯ deːn ˈt͡sɪmɐˌsɜːvɪs ˌbəˈʀɛçnət]

آسف، هذا ليس توقيعي.
Es tut mir leid, aber das ist nicht meine Unterschrift.
[ɛs tuːt miːɐ̯ laɪ̯t ˈaːbɐ das ɪst nɪçt ˈmaɪ̯nə ˈʊntɐʃʀɪft]

هل تقبل بطاقة ائتمان؟
Akzeptieren Sie eine Kreditkarte?
[ˌakʦɛpˈtiːʀən ziː ˈaɪ̯nə kʀeˈdiːtˌkaʁtə]

هل تقبل شيكات سياحية؟
Akzeptieren Sie Reiseschecks?
[ˌakʦɛpˈtiːʀən ziː ˈʀaɪ̯zəˌʃɛks]

من فضلكَ استدع لي سيارة أجرة.
Bitte bestellen Sie mir ein Taxi.
[ˈbɪtə bəˈʃtɛlən ziː miːɐ̯ aɪ̯n ˈtaksi]

لقد استمتعت بإقامتي.
Mein Aufenthalt hat mir gefallen.
[maɪ̯n ˈaʊ̯fʔɛnthalt hat miːɐ̯ ˌɡəˈfalən]

أريد العثور على شقة للإيجار.
Ich möchte eine Wohnung zum Mieten finden.
[ɪç 'mœçtə 'aɪ̯nə 'vo:nʊŋ tsʊm 'mi:tn̩ 'fɪndn̩]

أريد العثور على منزل للإيجار.
Ich möchte ein Haus zum Mieten finden.
[ɪç 'mœçtə aɪ̯n haʊ̯s tsʊm 'mi:tn̩ 'fɪndn̩]

كم يبلغ مقدم الإيجار؟
Wie hoch ist die Anzahlung?
[vi: ho:χ ɪst di: 'an͵tsa:lʊŋ]

كم يبلغ الإيجار الشهري؟
Wie hoch ist die Monatsrate?
[vi: ho:χ ɪst di: 'mo:nats͵ʀa:tə]

من أين نحصل على المفاتيح؟
Wo können wir die Schlüssel abholen?
[vo: 'kœnən vi:ɐ̯ di: 'ʃlʏsl̩ 'ap͵ho:lən]

Miete - التأجير

أين عداد الكهرباء؟
Wo ist der Stromzähler?
[vo: ɪst de:ɐ̯ 'ʃtʀo:mˌʦɛ:lɐ]

أين سخان الماء؟
Wo ist der Boiler?
[vo: ɪst de:ɐ̯ 'bɔɪ̯lɐ]

هل توجد شمعات احتراق كهربائية احتياطية؟
Gibt es Ersatzsicherungen?
[gi:pt ɛs ɛɐ̯'zaʦˌzɪçəʀʊŋən]

كلمات مفيدة

Herd [he:ɐ̯t] . . . . فرن
Bratpfanne ['bʀa:tˌpfanə] . . . . مقلاة
Teller ['tɛlɐ] . . . . أطباق
Ofen ['o:fn̩] . . . . فرن
Decken ['dɛkn̩] . . . . بطانيات
Tisch [tɪʃ] . . . . طاولة
Stühle ['ʃty:lə] . . . . كراس

كيف يعمل الفرن؟
Wie funktioniert der Herd?
[viː ˌfʊŋktsi̯oˈniːɐ̯t deːɐ̯ heːɐ̯t]

كيف يعمل سخان الماء؟
Wie funktioniert der Boiler?
[viː ˌfʊŋktsi̯oˈniːɐ̯t deːɐ̯ ˈbɔɪ̯lɐ]

هناك عطل في القدر.
Der Wasserkessel funktioniert nicht.
[deːɐ̯ ˈvasɐkɛsl̩ ˌfʊŋktsi̯oˈniːɐ̯t nɪçt]

هناك عطل في المجمدة.
Der Gefrierschrank funktioniert nicht.
[deːɐ̯ ɡəˈfʀiːɐ̯ʃʀaŋk ˌfʊŋktsi̯oˈniːɐ̯t nɪçt]

هناك عطل في الغلاية.
Der Boiler funktioniert nicht.
[deːɐ̯ ˈbɔɪ̯lɐ ˌfʊŋktsi̯oˈniːɐ̯t nɪçt]

هناك عطل في الغسالة الأوتوماتيكية.
Die Waschmaschine funktioniert nicht.
[diː ˈvaʃmaʃiːnə ˌfʊŋktsi̯oˈniːɐ̯t nɪçt]

Stadtverkehr النقل الداخلي

أين توجد أقرب محطة باص؟
Wo ist die nächste Bushaltestelle?
[vo: ɪst di: 'nɛ:çstə 'bʊshaltəʃtɛlə]

أين توجد أقرب محطة مترو أنفاق؟
Wo ist die nächste U-Bahn-Station?
[vo: ɪst di: 'nɛ:çstə 'u:ba:nʃtaˌt͡si̯o:n]

أي باص يذهب إلى وسط البلد؟
Welcher Bus fährt in die Innenstadt?
['vɛlçɐ bʊs fɛ:ɐ̯t ɪn di: 'ɪnənʃtat]

أي باص يذهب إلى المطار؟
Welcher Bus fährt zum Flughafen?
['vɛlçɐ bʊs fɛ:ɐ̯t tsʊm 'flu:kˌha:fn̩]

متى يغادر آخر باص إلى المطار؟
Um wie viel Uhr fährt der letzte Bus zum Flughafen?
[ʊm vi: fi:l u:ɐ̯ fɛ:ɐ̯t de:ɐ̯ 'lɛt͡stə bʊs tsʊm 'flu:kˌha:fn̩]

هل يذهب هذا الباص إلى هناك؟
Fährt dieser Bus dorthin?
[fɛ:ɐ̯t 'di:zɐ bʊs 'dɔʁthɪn]

متى يغادر الباص القادم إلى المطار؟
Um wie viel Uhr fährt der nächste Bus zum Flughafen?
[ʊm vi: fi:l u:ɐ̯ fɛ:ɐ̯t de:ɐ̯ 'nɛ:çstə bʊs tsʊm 'flu:kˌha:fn̩]

Bus/U-Bahn - الباص/مترو الأنفاق

من أين أشتري تذكرة؟
Wo kann ich einen Fahrschein kaufen?
[vo: kan ɪç 'aɪ̯nən 'fa:ɐ̯ʃaɪ̯n 'kaʊ̯fn̩]

هل أستطيع شراء جواز مرور أسبوعي؟
Kann ich eine Wochenkarte kaufen?
[kan ɪç 'aɪ̯nə 'vɔχn̩ˌkaʁtə 'kaʊ̯fn̩]

ما مدة صلاحية التذكرة ذهابا وإيابا؟
Wie lange ist ein Hin- und Rückfahrschein gültig?
[vi: 'laŋə ɪst aɪ̯n 'hɪn ʊnt 'ʀʏkˌfa:ɐ̯ʃaɪ̯n 'gʏltɪç]

هل أستطيع شراء جواز مرور شهري؟
Kann ich eine Monatskarte kaufen?
[kan ɪç 'aɪ̯nə 'mo:natsˌkaʁtə 'kaʊ̯fn̩]

هل هناك سعر خاص للمجموعات؟
Gibt es einen Gruppentarif?
[gi:pt ɛs 'aɪ̯nən 'gʀʊpn̩taˌʀi:f]

كم تبلغ الأجرة إلى هذا المكان؟
Wie hoch ist der Fahrpreis bis dorthin?
[vi: ho:χ ɪst de:ɐ̯ 'fa:ɐ̯ˌpʀaɪ̯s bɪs 'dɔʁthɪn]

كم الأجرة؟
Was kostet eine Fahrt?
[vas 'ko:stət 'aɪ̯nə fa:ɐ̯t]

Bus/U-Bahn - الباص/مترو الأنفاق

هل يتوجب عليّ دفع أجرة إضافية لحقائبي؟
Muss ich für mein Gepäck extra zahlen?
[mʊs ɪç fyːɐ̯ maɪ̯n gəˈpɛk ˈɛkstʀa ˈʦaːlən]

أود أن أنزل هنا، من فضلكَ.
Ich möchte hier aussteigen, bitte.
[ɪç ˈmœçtə hiːɐ̯ ˈaʊ̯sʃtaɪ̯gən ˈbɪtə]

من فضلكَ أخبرني أين أنزل.
Bitte sagen Sie mir, wo ich aussteigen muss.
[ˈbɪtə ˈzaːgŋ ziː miːɐ̯ voː ɪç ˈaʊ̯sʃtaɪ̯gən mʊs]

المحطة القادمة، من فضلكَ.
Nächste Haltestelle, bitte.
[ˈnɛːçstə ˈhaltəʃtɛlə ˈbɪtə]

أريد إلغاء هذه التذكرة.
Ich möchte diesen Fahrschein stornieren.
[ɪç ˈmœçtə ˈdiːzən ˈfaːɐ̯ʃaɪ̯n ʃtɔʁˈniːʀən]

كلمات مفيدة

Erwachsener [ɛɐ̯ˈvaksənɐ]	بالغ
Kind [kɪnt]	طفل
Reisebus [ˈʀaɪ̯zəˌbʊs]	عربة قطار
Schaffner [ˈʃafnɐ]	كمساري
Fahrpreis [ˈfaːɐ̯ˌpʀaɪ̯s]	أجرة
Fahrschein [ˈfaːɐ̯ʃaɪ̯n]	تذكرة
Bushaltestelle [ˈbʊshaltəʃtɛlə]	محطة باص
U-Bahn-Streckenkarte [ˈuːˌbaːn ˈʃtʀɛkn̩ˌkaʁtə]	خريطة مترو الأنفاق
Fahrplan [ˈfaːɐ̯ˌplaːn]	جدول المواعيد
Transfer/Verbindung [tʀansˈfeːɐ̯ / fɛɐ̯ˈbɪndʊŋ]	نقل/مواصلة
Kein Eingang [kaɪ̯n ˈaɪ̯nˌgaŋ]	ممنوع الدخول

Taxi - سيارة الأجرة

هل أنت شاغر؟
Sind Sie frei?
[zɪnt zi: fʀaɪ̯]

أريد سيارة أجرة الآن.
Ich möchte jetzt ein Taxi haben.
[ɪç 'mœçtə jɛtst aɪ̯n 'taksi 'ha:bən]

أين موقف سيارات الأجرة؟
Wo ist ein Taxistand?
[vo: ɪst aɪ̯n 'taksiʃtant]

هل تسمح باستدعاء سيارة أجرة لي، من فضلكَ؟
Würden Sie bitte ein Taxi für mich rufen?
['vʏʁdən zi: 'bɪtə aɪ̯n 'taksi fy:ɐ̯ mɪç 'ʀu:fn̩]

أريد سيارة أجرة بعد ساعة.
Ich möchte in einer Stunde ein Taxi haben.
[ɪç 'mœçtə ɪn 'aɪ̯nɐ 'ʃtʊndə aɪ̯n 'taksi 'ha:bən]

خذني إلى المطار، من فضلكَ.
Fahren Sie mich bitte zum Flughafen.
['fa:ʀən zi: mɪç 'bɪtə tsʊm 'flu:kˌha:fn̩]

خذني إلى هذا الفندق، من فضلكَ.
Fahren Sie mich bitte zu diesem Hotel.
['fa:ʀən zi: mɪç 'bɪtə tsu: 'di:zəm ho'tɛl]

خذني إلى هناك، من فضلكَ.
Fahren Sie mich bitte dorthin.
['fa:ʀən zi: mɪç 'bɪtə 'dɔʁthɪn]

خذني إلى وسط البلد، من فضلكَ.
Fahren Sie mich bitte in die Innenstadt.
['fa:ʀən zi: mɪç 'bɪtə ɪn di: 'ɪnənʃtat]

كم يكلف الوصول إلى المطار؟
Wie viel kostet eine Fahrt zum Flughafen?
[vi: fi:l 'ko:stət 'aɪ̯nə fa:ɐ̯t tsʊm 'flu:kˌha:fn̩]

كم يكلف الوصول إلى محطة القطار؟
Wie viel kostet eine Fahrt zum Bahnhof?
[vi: fi:l 'ko:stət 'aɪ̯nə fa:ɐ̯t tsʊm 'ba:nˌho:f]

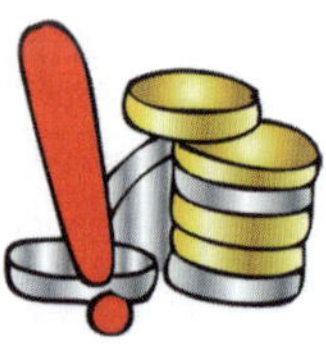

أكثر مما ينبغي.
Zu viel.
[t͡su: fi:l]

أكثر الطرق اختصارا.
Auf direktem Weg.
[aʊ̯f ˌdi'ʀɛktəm ve:k]

Taxi - سيارة الأجرة

إلى اليمين.
Nach rechts.
[naːχ ʁɛçʦ]

إلى اليسار.
Nach links.
[naːχ lɪŋks]

توقف هنا.
Halten Sie hier an.
['haltən ziː hiːɐ̯ an]

خفض السرعة.
Fahren Sie langsamer.
['faːʁən ziː 'laŋˌzaːmɐ]

هل يمكنكَ الانتظار؟
Können Sie warten?
['kœnən ziː 'vaʁtən]

هذا لكَ.
Das ist für Sie.
[das ɪst fyːɐ̯ ziː]

كم يجب عليّ أن أدفع لك؟
Wie viel schulde ich?
[viː fiːl 'ʃʊldə ɪç]

نقودي الفكة من فضلكَ.
Mein Wechselgeld, bitte.
[maɪ̯n 'vɛksl̩ˌgɛlt 'bɪtə]

Autoverleih - تأجير السيارات

أريد تأجير سيارة.
Ich möchte ein Auto mieten.
[ɪç ˈmœçtə aɪ̯n ˈaʊ̯to ˈmiːtən]

أريد تأجير دراجة بخارية.
Ich möchte ein Motorrad mieten.
[ɪç ˈmœçtə aɪ̯n ˈmoːtoːɐ̯ˌʀaːt ˈmiːtən]

أريد تأجير سكوتر.
Ich möchte einen Motorroller mieten.
[ɪç ˈmœçtə ˈaɪ̯nən ˈmoːtoːɐ̯ˌʀɔlɐ ˈmiːtən]

أريد تأجير سيارة بسائق.
Ich möchte ein Auto mit Fahrer mieten.
[ɪç ˈmœçtə aɪ̯n ˈaʊ̯to mɪt ˈfaːʀɐ ˈmiːtən]

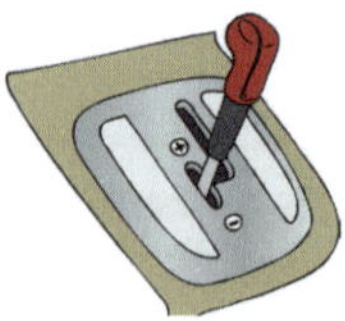

ناقل حركة أوتوماتيكي
ein Automatikgetriebe
[aɪ̯n aʊ̯toˈmaːtɪkgəˌtʀiːbə]

كم تكلف في اليوم؟
Was kostet es pro Tag?
[vas ˈkoːstət ɛs pʀoː taːk]

ما الأوراق التي احتاجها معي؟
Welche Dokumente soll ich dabeihaben?
[ˈvɛlçə ˌdokuˈmɛntə zɔl ɪç daˈbaɪ̯ˌhaːbən]

هذه هي رخصة قيادتي الدولية.
Das ist meine internationale Fahrerlaubnis.
[das ɪst ˈmaɪ̯nə ˌɪntɐnat͡si̯oˈnaːlə ˈfaːɐ̯ʔɛɐ̯ˌlaʊ̯pnɪs]

Autoverleih - تأجير السيارات

هل يشمل السعر التأمين؟
Schließt dieser Preis eine Versicherung mit ein?
[ʃli:st 'di:zɐ pʀaɪ̯s 'aɪ̯nə ˌfɛɐ̯'zɪçəʀʊŋ mɪt aɪ̯n]

كم تكلف في الكيلومتر؟
Was kostet es pro Kilometer?
[vas 'ko:stət ɛs pʀo: ˌkilo'me:tɐ]

كم تكلف في نهاية الأسبوع؟
Was kostet es pro Wochenende?
[vas 'ko:stət ɛs pʀo: 'vɔχn̩ˌʔɛndə]

ما أدنى مدة تأجير؟
Wie lang ist der minimale Mietzeitraum?
[vi: laŋ ɪst de:ɐ̯ mini'ma:lə 'mi:tˌʦaɪ̯tˌʀaʊ̯m]

هل أحتاج إلى دفع عربون؟
Muss ich eine Kaution zahlen?
[mʊs ɪç 'aɪ̯nə kaʊ̯'ʦi̯o:n 'ʦa:lən]

هل هناك وقود بالسيارة؟
Ist das Auto betankt?
[ɪst das 'aʊ̯to bə'taŋkt]

كم تكلف الكيلومترات الإضافية؟
Wie viel muss man für zusätzliche Kilometer bezahlen?
[vi: fi:l mʊs man fy:ɐ̯ 'ʦu:ˌʦɛʦlɪçə ˌkilo'me:tɐ ˌbə'ʦa:lən]

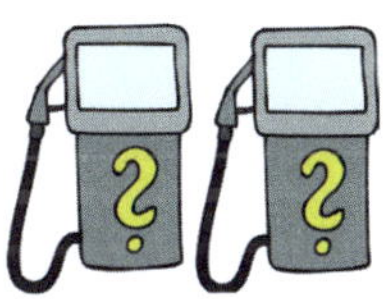

ما نوع الوقود الذي تأخذه؟
Welchen Kraftstoff braucht es?
['vɛlçn̩ 'kʀaftʃtɔf bʀaʊ̯χt ɛs]

أود تجربة السيارة.
Ich würde das Auto gerne ausprobieren.
[ɪç 'vʏʁdə das 'au̯to 'gɛʁnə 'au̯spʀo,bi:ʀən]

هل عليّ إعادة السيارة مملوءة بالوقود؟
Soll ich das Auto vollgetankt abgeben?
[zɔl ɪç das 'au̯to 'fɔlgə,taŋkt 'ap,ge:bən]

أين يمكنني أن أعيدها؟
Wo kann ich es abgeben?
[vo: kan ɪç ɛs 'ap,ge:bən]

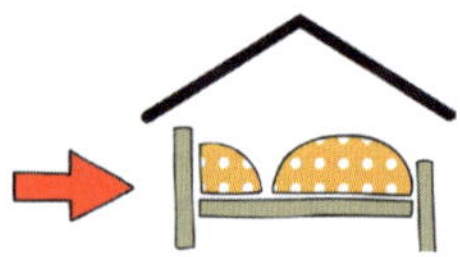

من فضلكَ أرسل سيارة إلى الفندق الذي أقيم به.
Bitte schicken Sie ein Auto zu meinem Hotel.
['bɪtə 'ʃɪkn̩ zi: aɪ̯n 'au̯to ʦu: 'maɪ̯nəm ho'tɛl]

أود تقديم طلب تأمين على السيارة.
Ich möchte eine Autoversicherung abschließen.
[ɪç 'mœçtə 'aɪ̯nə 'au̯tofɛɐ̯,zɪçəʀʊŋ 'ap,ʃli:sn̩]

كلمات مفيدة

Autoverleih ['au̯tofɛɐ̯,laɪ̯] . . . . تأجير سيارات

Mietvertrag ['mi:tfɛɐ̯,tʀa:k] . . . . عقد تأجير

Tank [taŋk] . . . . خزان

Versicherung [fɛɐ̯'zɪçəʀʊŋ] . . . . تأمين

Fahren/Parken - القيادة/موقف السيارات

أين يمكنني إيقاف السيارة؟
Wo kann ich parken?
[vo: kan ɪç 'paʁkn̩]

كم من الوقت أستطيع التوقف هنا؟
Wie lange kann ich hier parken?
[vi: 'laŋə kan ɪç hi:ɐ̯ 'paʁkn̩]

هل يجب عليّ أن أدفع مقابلا لإيقاف السيارة هنا؟
Muss ich hier für das Parken bezahlen?
[mʊs ɪç hi:ɐ̯ fy:ɐ̯ das 'paʁkn̩ ˌbə'ʦa:lən]

أين يقع أقرب مرأب؟
Wo ist das nächste Parkhaus?
[vo: ɪst das 'nɛ:çstə 'paʁkˌhaʊ̯s]

أين يقع أقرب مجمع لمواقف السيارات؟
Wo ist der nächste Parkplatz?
[vo: ɪst de:ɐ̯ 'nɛ:çstə 'paʁkˌplaʦ]

كم الأجرة في الساعة؟
Wie ist die Gebühr pro Stunde?
[vi: ɪst di: gə'by:ɐ̯ pʀo: 'ʃtʊndə]

كم الأجرة في اليوم؟
Wie ist die Gebühr pro Tag?
[vi: ɪst di: gə'by:ɐ̯ pʀo: ta:k]

أين تقع أقرب محطة وقود؟
Wo ist die nächste Tankstelle?
[vo: ɪst di: ˈnɛ:çstə ˈtaŋkˌʃtɛlə]

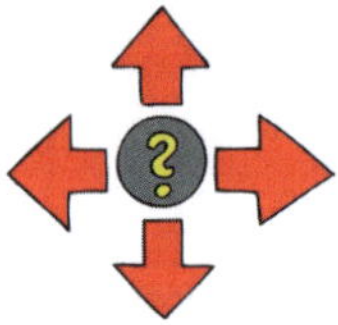

في أي اتجاه يجب عليّ الذهاب؟
In welche Richtung soll ich fahren?
[ɪn ˈvɛlçə ˈʀɪçtʊŋ zɔl ɪç ˈfa:ʀən]

إلى أين يؤدي هذا الطريق؟
Wohin führt diese Straße?
[voˈhɪn fy:ɐ̯t ˈdi:zə ˈʃtʀa:sə]

هل بإمكانكَ أن تدلني على مكاني على الخريطة؟
Können Sie mir auf der Karte zeigen, wo ich bin?
[ˈkœnən zi: mi:ɐ̯ aʊ̯f de:ɐ̯ ˈkaʁtə ˈʦaɪ̯gn̩ vo: ɪç bɪn]

أين المخرج إلى الطريق السريع؟
Wo ist die Einfahrt zur Autobahn?
[vo: ɪst di: ˈaɪ̯nˌfa:ɐ̯t tsu:ɐ̯ ˈaʊ̯toˌba:n]

Fahren/Parken - القيادة/موقف السيارات

كلمات مفيدة

Straße ['ʃtʁaːsə]	طريق
Baustelle ['baʊ̯ʃtɛlə]	منطقة إنشاءات
Kreuzung ['kʁɔɪ̯tsʊŋ]	تقاطع طرق
Kurve ['kʊʁvə]	دوران (في الطريق)
Kreisverkehr ['kʁaɪ̯sfɛɐ̯ˌkeːɐ̯]	مرور عبر طريق ملتوية
Ampel ['ampl̩]	إشارة المرور
Verkehrszeichen [fɛɐ̯'keːɐ̯sˌtsaɪ̯çn̩]	علامة طريق
Lastkraftwagen ['lastkʁaftˌvaːgn̩]	شاحنة
Fußgänger ['fuːsˌgɛŋɐ]	مشاة
Fußgängerzone ['fuːsgɛŋɐˌtsoːnə]	منطقة مشاة
Parken ['paʁkn̩]	موقف سيارات
gebührenpflichtiger Parkplatz [gə'byːʀənˌpflɪçtɪgə 'paʁkˌplats]	موقف سيارات برسوم
gebührenfreier Parkplatz [gə'byːʀənˌfʀaɪ̯ɐ 'paʁkˌplats]	موقف سيارات مجاني
Autobahn ['aʊ̯toˌbaːn]	طريق سريع
gebührenpflichtige Straße [gə'byːʀənˌpflɪçtɪgɐ 'ʃtʀaːsə]	طريق برسم مرور
Fahrradweg ['faːɐ̯ʀaːtˌveːk]	طريق للدراجات
Geschwindigkeit [gə'ʃvɪndɪçkaɪ̯t]	سرعة
Tachometer ['taxoˌmeːtɐ]	عداد السرعة
geradeaus [gəʀaːdə'ʔaʊ̯s]	مباشرة
links [lɪŋks]	يسار
rechts [ʀɛçts]	يمين
erst [eːɐ̯st]	أول
dann [dan]	تالي
Tunnel ['tʊnl̩]	نفق
Norden ['nɔʁdn̩]	شمال
Süden ['zyːdn̩]	جنوب
Osten ['ɔstən]	شرق
Westen ['vɛstn̩]	غرب
Armaturenbrett [aʁma'tuːʁənˌbʀɛt]	لوحة عدادات السيارة
Fahrersitz ['faːʀɐˌzɪts]	مقعد السائق
Fahrerlaubnis ['faːɐ̯ʔɛɐ̯ˌlaʊ̯pnɪs]	رخصة القيادة

In der Autowerkstatt - في محطة الوقود

املأها من فضلكَ.
Tanken Sie es bitte voll.
['taŋkn̩ zi: ɛs 'bɪtə fɔl]

أحتاج إلى وقود خالٍ من الرصاص.
Ich brauche Bleifrei.
[ɪç 'bʀaʊ̯χə 'blaɪ̯ˌfʀaɪ̯]

أحتاج إلى عادي.
Ich brauche Normal.
[ɪç 'bʀaʊ̯χə nɔʁ'ma:l]

أحتاج إلى ديزل.
Ich brauche Diesel.
[ɪç 'bʀaʊ̯χə 'di:zl̩]

أحتاج إلى ممتاز.
Ich brauche Super.
[ɪç 'bʀaʊ̯χə 'zu:pɐ]

هل تقومون بالإصلاح؟
Führen Sie Reparaturen durch?
['fy:ʀən zi: ˌʀepaʀa'tu:ʀən dʊʁç]

افحص الزيت من فضلكَ.
Überprüfen Sie bitte das Öl.
[ˌy:bɐ'pʀy:fən zi: 'bɪtə das ø:l]

هل تفحص سيارتي؟
Können Sie es für mich überprüfen?
['kœnən zi: ɛs fy:ɐ̯ mɪç ˌy:bɐ'pʀy:fən]

In der Autowerkstatt - في محطة الوقود

افحص هواء الإطارات من فضلك.
Überprüfen Sie bitte die Luft in den Reifen.
[ˌy:beˈpʀy:fən zi: ˈbɪtə di: lʊft ɪn de:n ˈʀaɪ̯fn̩]

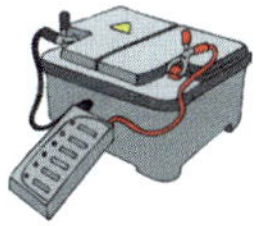

افحص البطارية من فضلك.
Überprüfen Sie bitte die Batterie.
[ˌy:beˈpʀy:fən zi: ˈbɪtə di: ˌbatəˈʀi:]

افحص الفرامل من فضلك.
Überprüfen Sie bitte die Bremsen.
[ˌy:beˈpʀy:fən zi: ˈbɪtə di: ˈbʀɛmzn̩]

أود تغيير الزيت من فضلك.
Ich möchte Öl wechseln lassen, bitte.
[ɪç ˈmœçtə ø:l ˈvɛksl̩n ˈlasn̩ ˈbɪtə]

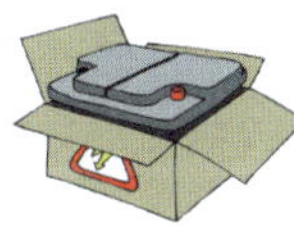

أحتاج إلى بطارية جديدة.
Ich brauche eine neue Batterie.
[ɪç ˈbʀaʊ̯χə ˈaɪ̯nə ˈnɔɪ̯ə ˌbatəˈʀi:]

أحتاج إلى شمعات إشعال جديدة.
Ich brauche neue Zündkerzen.
[ɪç ˈbʀaʊ̯χə ˈnɔɪ̯ə ˈʦʏntˌkɛʁʦən]

أحتاج إلى سير مروحة جديد.
Ich brauche einen neuen Keilriemen.
[ɪç ˈbʀaʊ̯χə ˈaɪ̯nən ˈnɔɪ̯ən ˈkaɪ̯lˌʀi:mən]

كلمات مفيدة

Frostschutzmittel [ˈfʀɔstʃʊʦˌmɪtl̩] . . . . مضاد للتجمد
automatisch [ˌaʊ̯toˈma:tɪʃ] . . . . أوتوماتيكي
Motor [ˈmo:to:ɐ̯] . . . . محرك
Abgas [ˈapˌga:s] . . . . عادم
Nummernschild [ˈnʊmenˌʃɪlt] . . . . لوحة السيارة
Benzin [bɛnˈʦi:n] . . . . بنزين

المحرك لا يدور.
Der Motor startet nicht.
[deːɐ̯ ˈmoːtoːɐ̯ ˈʃtaʁtət nɪçt]

المحرك يسخن.
Der Motor wird sehr heiß.
[deːɐ̯ ˈmoːtoːɐ̯ vɪʁt zeːɐ̯ haɪ̯s]

صوت السيارة مرتفع.
Es ist laut.
[ɛs ɪst laʊ̯t]

شئ ما يحدث ضجيجا.
Irgendwas macht ein Geräusch.
[ˈɪʁgn̩tˈvas maxt aɪ̯n gəˈʁɔɪ̯ʃ]

عندي إطار مثقوب.
Ich habe einen platten Reifen.
[ɪç ˈhaːbə ˈaɪ̯nən ˈplatn̩ ˈʁaɪ̯fn̩]

هناك عطل ما في ضغط الزيت.
Es ist etwas mit dem Öldruck nicht in Ordnung.
[ɛs ɪst ˈɛtvas mɪt deːm ˈøːlˌdʁʊk nɪçt ɪn ˈɔʁdnʊŋ]

هناك عطل ما في دورة الكهرباء.
Es ist etwas mit dem elektrischen System nicht in Ordnung.
[ɛs ɪst 'ɛtvas mɪt deːm e'lɛktʀɪʃn̩ zʏs'teːm nɪçt ɪn 'ɔʁdnʊŋ]

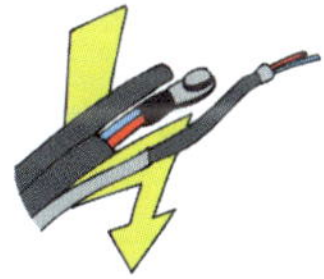

هناك عطل ما في سير المروحة.
Es ist etwas mit dem Keilriemen nicht in Ordnung.
[ɛs ɪst 'ɛtvas mɪt deːm 'kaɪ̯lˌʀiːmən nɪçt ɪn 'ɔʁdnʊŋ]

هناك عطل ما في ذراع نقل السرعات.
Es ist etwas mit der Gangschaltung nicht in Ordnung.
[ɛs ɪst 'ɛtvas mɪt deːɐ̯ 'gaŋˌʃaltʊŋ nɪçt ɪn 'ɔʁdnʊŋ]

هناك عطل ما في الإشعال.
Es ist etwas mit der Zündung nicht in Ordnung.
[ɛs ɪst 'ɛtvas mɪt deːɐ̯ 'ʦʏndʊŋ nɪçt ɪn 'ɔʁdnʊŋ]

هناك عطل ما في مبديء الحركة.
Es ist etwas mit dem Starter nicht in Ordnung.
[ɛs ɪst 'ɛtvas mɪt deːm 'ʃtaʁtɐ nɪçt ɪn 'ɔʁdnʊŋ]

هناك عطل ما في مجموعة نقل الحركة.
Es ist etwas mit dem Getriebe nicht in Ordnung.
[ɛs ɪst 'ɛtvas mɪt deːm ˌgə'tʀiːbə nɪçt ɪn 'ɔʁdnʊŋ]

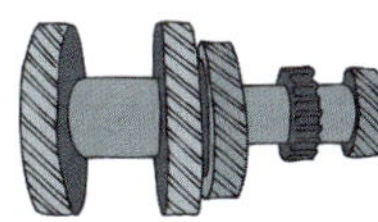

المصباح الأمامي لا يعمل.
Die Scheinwerfer funktionieren nicht.
[diː 'ʃaɪ̯nˌvɛʁfɐ ˌfʊŋkʦi̯o'niːʀən nɪçt]

البطارية نائمة.
Die Batterie ist leer.
[diː ˌbatə'ʀiː ɪst leːɐ̯]

Defekte - أعطال

هل لديك قطع غيار؟
Haben Sie Ersatzteile?
['ha:bən zi: ɛɐ̯'zats,taɪ̯lə]

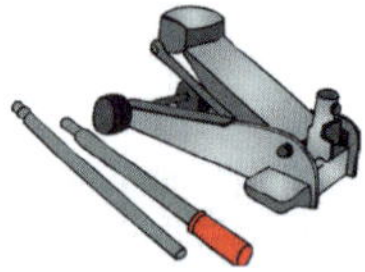

هل تستطيع إقراضي رافعة السيارة؟
Können Sie mir einen Wagenheber leihen?
['kœnən zi: mi:ɐ̯ 'aɪ̯nən 'va:gn̩,he:bɐ 'laɪ̯ən]

أغلقت مفاتيحي في السيارة.
Ich haben meine Schlüssel im Auto eingeschlossen.
[ɪç 'ha:bən 'maɪ̯nə 'ʃlʏsl̩ ɪm 'aʊ̯to 'aɪ̯ngəʃlɔsn̩]

نفذ منا البنزين.
Wir haben kein Benzin mehr.
[vi:ɐ̯ 'ha:bən kaɪ̯n bɛn'tsi:n me:ɐ̯]

تعطلت السيارة من فضلكَ أرسل شخصا لها.
Das Auto ist kaputtgegangen. Bitte schicken Sie jemanden her.
[das 'aʊ̯to ɪst ka'pʊt,gə'gaŋən 'bɪtə 'ʃɪkn̩ zi: 'je:mandən he:ɐ̯]

هل يمكنك إرسال ميكانيكي؟
Können Sie einen Mechaniker schicken?
['kœnən zi: 'aɪ̯nən ,me'ça:nikɐ 'ʃɪkn̩]

هل يمكنك إرسال مقطورة السحب للتصليح؟
Können Sie ein Abschleppfahrzeug schicken?
['kœnən zi: aɪ̯n 'apʃlɛp,fa:ɐ̯tsɔɪ̯k 'ʃɪkn̩]

هل تستطيع إصلاح السيارة؟
Können Sie das Auto reparieren?
['kœnən zi: das 'au̯to ˌʀepa'ʀi:ʀən]

كم يستغرق إصلاح السيارة؟
Wie lange wird es dauern, das Auto zu reparieren?
[vi: 'laŋə vɪʁt ɛs 'dau̯ɐn das 'au̯to t͡su: ˌʀepa'ʀi:ʀən]

هل ستتصل بي عندما تكون السيارة جاهزة؟
Rufen Sie mich an, wenn das Auto fertig ist?
['ʀu:fn̩ zi: mɪç an vɛn das 'au̯to 'fɛʁtɪç 'fɛʁtɪk ɪst]

Defekte - أعطال

هل يغطي التأمين قيمة الإصلاحات؟
Werden die Reparaturkosten durch meine Versicherung gedeckt?
['veːɐ̯dn̩ diː ˌʀepaʀaˈtuːɐ̯ˌkɔstn̩ dʊʁç ˈmaɪ̯nə ˌfɛɐ̯ˈzɪçəʀʊŋ gəˈdɛkt]

هل ستعطيني فاتورة مفصلة؟
Geben Sie mir eine aufgeschlüsselte Rechnung?
['geːbn̩ ziː miːɐ̯ ˈaɪ̯nə ˈaʊ̯fgəʃlʏsl̩tə ˈʀɛçnʊŋ]

كلمات مفيدة

Bremsen ['bʀɛmzn̩]	فرامل
Stoßstange ['ʃtoːsʃtaŋə]	ممتص الصدمات
Kotflügel ['koːtflyːgl̩]	رفرف السيارة
Motorhaube ['moːtoːɐ̯ˌhaʊ̯bə]	غطاء محرك السيارة
Kofferraum ['kɔfɐˌʀaʊ̯m]	حقيبة السيارة.
Ersatzrad [ɛɐ̯'zaʦˌrat]	الإطار الاحتياطي.
Lenkrad ['lɛŋkˌʀaːt]	عجلة القيادة
Windschutzscheibe ['vɪntʃʊʦˌʃaɪ̯bə]	الزجاج الأمامي
Scheibenwischer ['ʃaɪ̯bənvɪʃɐ]	مساحة الزجاج الأمامي
Rad [ʀaːt]	عجلة
Kupplung ['kʊplʊŋ]	القابض.
Bremspedal ['bʀɛmspeˌdaːl]	دواسة الفرامل
Gaspedal ['gaːspeˌdaːl]	دواسة الوقود
Gangschaltung ['gaŋˌʃaltʊŋ]	ذراع نقل السرعة
Handbremse ['hantˌbʀɛmzə]	فرملة اليد
Blinker ['blɪŋkɐ]	الضوء الوامض.
Scheinwerfer ['ʃaɪ̯nˌvɛʁfɐ]	مصباح أمامي
Rücklicht ['ʀʏklɪçt]	مصباح خلفي
Zündung ['ʦʏndʊŋ]	إشعال
Sicherheitsgurt ['zɪçɐhaɪ̯ʦˌgʊʁt]	حزام الأمان
Blinklicht ['blɪŋkˌlɪçt]	إشارة الدوران
Seitenspiegel ['zaɪ̯tn̩ʃpiːgl̩]	المرآة الجانبية
Rückspiegel ['ʀʏkʃpiːgl̩]	مرآة الرؤية الخلفية

Unfälle - حوادث

لقد وقع حادث.
Es hat ein Unfall stattgefunden.
[ɛs hat aɪ̯n ˈʊnfal ˈʃtatgəˌfʊndn̩]

لقد حدث عطل.
Es hat eine Panne stattgefunden.
[ɛs hat ˈaɪ̯nə ˈpanə ˈʃtatgəˌfʊndn̩]

لقد وقع اقتحام.
Es hat ein Einbruch stattgefunden.
[ɛs hat aɪ̯n ˈaɪ̯nˌbʀʊχ ˈʃtatgəˌfʊndn̩]

اتصل بالطبيب.
Rufen Sie einen Arzt.
[ˈʀuːfn̩ ziː ˈaɪ̯nən aːɐ̯tst]

اتصل بالمطافئ.
Rufen Sie die Feuerwehr.
[ˈʀuːfn̩ ziː diː ˈfɔɪ̯ɐˌveːɐ̯]

اتصل بالشرطة.
Rufen Sie die Polizei.
[ˈʀuːfn̩ ziː diː ˌpoliˈtsaɪ̯]

يوجد مصابون.
Es sind Leute verletzt.
[ɛs zɪnt ˈlɔɪ̯tə fɛɐ̯ˈlɛtst]

أعتقد أنها كانت غلطتكَ.
Ich denke, es war Ihre Schuld.
[ɪç 'dɛŋkə ɛs vaːɐ̯ 'iːʀə ʃʊlt]

اصطدم بي.
Er ist mir reingefahren.
[eːɐ̯s ɪst miːɐ̯ 'ʀaɪ̯ngəˌfaːʀən]

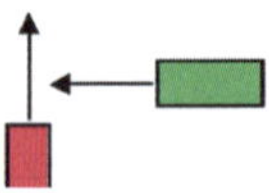

كان الطريق من حقي.
Ich hatte Vorfahrt.
[ɪç 'hatə 'foːɐ̯faɐ̯t]

أريد مترجما.
Ich brauche einen Dolmetscher.
[ɪç 'bʀaʊ̯χə 'aɪ̯nən 'dɔlmɛtʃɐ]

هل نستطيع تسوية المسألة فيما بيننا؟
Können wir die Sache unter uns klären?
['kœnən viːɐ̯ diː 'zaχə 'ʊntɐ ʊns 'klɛːʀən]

أنا أجنبي ها هي رخصة قيادتي.
Ich bin Ausländer. Hier ist meine Fahrerlaubnis.
[ɪç bɪn 'aʊ̯sˌlɛndɐ hiːɐ̯ ɪst 'maɪ̯nə 'faːɐ̯ʔɛɐ̯ˌlaʊ̯pnɪs]

هل تسمح لي بنسخة من تقرير الحادث؟
Kann ich eine Kopie des Unfallberichts erhalten?
[kan ɪç 'aɪ̯nə ko'piː dɛs 'ʊnfalbəˌʀɪçts ɛɐ̯'haltn̩]

مشاهدة معالم المدينة
Sehenswürdigkeiten

Touristeninformation/Eine Reise buchen - استعلامات سياحية/حجز جولة

في أي وقت تبدأ؟
Um wie viel Uhr geht es los?
[ʊm viː fiːl uːɐ̯ geːt ɛs loːs]

أريد الذهاب لمشاهدة معالم المدينة.
Ich möchte Sehenswürdigkeiten anschauen.
[ɪç 'mœçtə 'zeːənsˌvʏʁdɪçkaɪ̯tn̩ 'anʃaʊ̯ən]

هل المسافة طويلة إليها سيرا على الأقدام؟
Ist es zu weit zum Laufen?
[ɪst ɛs t͡suː vaɪ̯t tsʊm 'laʊ̯fn̩]

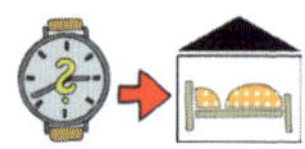

في أي وقت نعود؟
Um wie viel Uhr sind wir zurück?
[ʊm viː fiːl uːɐ̯ zɪnt viːɐ̯ t͡su'ʀʏk]

متى وأين نستطيع التجمع؟
Wann und wo können wir uns treffen?
[van ʊnt voː 'kœnən viːɐ̯ ʊns 'tʀɛfn̩]

ما المعالم التي سنشاهدها؟
Welche Sehenswürdigkeiten werden wir anschauen?
['vɛlçə 'zeːənsˌvʏʁdɪçkaɪ̯tn̩ 'veːɐ̯dn̩ viːɐ̯ 'anʃaʊ̯ən]

هل توجد جولة حول المدينة هنا؟
Gibt es hier eine Stadtrundfahrt?
[giːpt ɛs hiːɐ̯ 'aɪ̯nə 'ʃtatʀʊntˌfaːɐ̯t]

Touristeninformation/Eine Reise buchen - استعلامات سياحية/حجز جولة

هل لكَ أن تخبرنا من فضلك ما المتاحف الموجودة هنا؟
Bitte sagen Sie mir, welche Museen es hier gibt.
['bɪtə 'za:gŋ zi: mi:ɐ̯ 'vɛlçə mu'ze:ən ɛs hi:ɐ̯ gi:pt]

هل لكَ أن تخبرنا من فضلك ما المسارح الموجودة هنا؟
Bitte sagen Sie mir, welche Theater es hier gibt.
['bɪtə 'za:gŋ zi: mi:ɐ̯ 'vɛlçə ˌte'a:tɐ ɛs hi:ɐ̯ gi:pt]

ما هي المعالم الرئيسية التي تستحق المشاهدة؟
Was ist besonders sehenswert?
[vas ɪst ˌbə'zɔndɐs 'ze:ənsˌve:ɐ̯t]

هل تستطيع أن توصي بمرشد؟
Können Sie einen Fremdenführer empfehlen?
['kœnən zi: 'aɪ̯nən 'fʀɛmdn̩ˌfy:ʀɐ ˌɛm'pfe:lən]

هل بإمكانكَ أن ترتب لي الرحلة من فضلكَ؟
Würden Sie bitte den Ausflug für mich arrangieren?
['vʏʁdən zi: 'bɪtə de:n 'aʊ̯sˌflu:k fy:ɐ̯ mɪç ˌaʀɑ̃'ʒi:ʀən]

أين يمكنني شراء خريطة للبلدة؟
Wo kann ich einen Stadtplan kaufen?
[vo: kan ɪç 'aɪ̯nən 'ʃtatˌpla:n 'kaʊ̯fn̩]

Nach dem Weg fragen - السؤال عن الطريق

هل تدلني على الطريق إلى الفندق؟
Zeigen Sie mir bitte den Weg zum Hotel.
['tsaɪ̯gn̩ ziː miːɐ̯ 'bɪtə deːn veːk tsʊm ho'tɛl]

هل تدلني على الطريق إلى الشاطئ؟
Zeigen Sie mir bitte den Weg zum Strand.
['tsaɪ̯gn̩ ziː miːɐ̯ 'bɪtə deːn veːk tsʊm ʃtʀant]

هل تدلني على الطريق إلى مخفر الشرطة؟
Zeigen Sie mir bitte den Weg zur Polizeistation.
['tsaɪ̯gn̩ ziː miːɐ̯ 'bɪtə deːn veːk tsuːɐ̯ poli'tsaɪ̯ʃtaˌtsi̯oːn]

أي طريق يؤدي إلى وسط البلد؟
In welcher Richtung liegt die Innenstadt?
[ɪn 'vɛlçɐ 'ʀɪçtʊŋ liːkt diː 'ɪnənˌʃtat]

أين تقع دار البلدية؟
Wo ist das Rathaus?
[voː ɪst das 'ʀaːtˌhaʊ̯s]

هل تدلني على الطريق إلى مركز البلدة؟
Zeigen Sie mir bitte den Weg ins Stadtzentrum.
['tsaɪ̯gn̩ ziː miːɐ̯ 'bɪtə deːn veːk ɪns 'ʃtatˌtsɛntʀʊm]

Nach dem Weg fragen - السؤال عن الطريق

معذرة، كيف أستطيع الوصول إلى هذا المكان؟
Entschuldigung, wie komme ich hierher?
[ˌɛnt'ʃʊldɪgʊŋ vi: 'kɔmə ɪç 'hi:ɐ̯'he:ɐ̯]

أين يقع المتحف؟
Wo ist das Museum?
[vo: ɪst das ˌmu'ze:ʊm]

أين يقع المسرح؟
Wo ist das Theater?
[vo: ɪst das ˌte'a:tɐ]

أين يقع معرض الفنون؟
Wo ist die Kunstgalerie?
[vo: ɪst di: 'kʊnstgaləˌʁi:]

أين يوجد أقرب موقف لسيارات الأجرة؟
Wo ist der nächste Taxistand?
[vo: ɪst de:ɐ̯ 'nɛ:çstə 'taksiʃtant]

أين تقع الكنيسة؟
Wo ist die Kirche?
[vo: ɪst di: 'kɪʁçə]

أين توجد أقرب محطة مترو أنفاق؟
Wo ist die nächste U-Bahn-Station?
[vo: ɪst di: 'nɛ:çstə 'u:ba:nʃtaˌt͡si̯o:n]

Nach dem Weg fragen - السؤال عن الطريق

أين نحن الآن؟
Wo sind wir jetzt?
[vo: zɪnt vi:ɐ̯ jɛtst]

ما اسم هذا الشارع؟
Wie heißt diese Straße?
[vi: haɪ̯st 'di:zə 'ʃtʁa:sə]

ما اسم هذا الحي؟
Wie heißt dieser Stadtteil?
[vi: haɪ̯st 'di:zɐ 'ʃtat͵taɪ̯l]

ما اسم هذه البلدة؟
Wie heißt diese Stadt?
[vi: haɪ̯st 'di:zə ʃtat]

لقد تهت.
Ich habe mich verlaufen.
[ɪç 'ha:bə mɪç fɛɐ̯'laʊ̯fn̩]

هل يبعد عن هنا؟
Ist es weit weg von hier?
[ɪst ɛs vaɪ̯t vɛk fɔn hi:ɐ̯]

من فضلك ارسم خريطة هنا.
Bitte zeichnen Sie hier einen Plan.
['bɪtə 'tsaɪ̯çnən zi: hi:ɐ̯ 'aɪ̯nən pla:n]

Im Museum - في المتحف

هل المتحف مفتوح للجمهور؟
Ist das Museum der Öffentlichkeit zugänglich?
[ɪst das ˌmuˈzeːʊm deːɐ̯ ˈœfn̩tlɪçˌkaɪ̯t ˈʦuːˌɡɛŋlɪç]

ما سعر الدخول؟
Was kostet der Eintritt?
[vas ˈkoːstət deːɐ̯ ˈaɪ̯nˌtʀɪt]

في أي وقت يفتح المتحف؟
Um wie viel Uhr wird das Museum geöffnet?
[ʊm viː fiːl uːɐ̯ vɪʁt das ˌmuˈzeːʊm ˌɡəˈʔœfnət]

في أي وقت يغلق المتحف؟
Um wie viel Uhr wird das Museum geschlossen?
[ʊm viː fiːl uːɐ̯ vɪʁt das ˌmuˈzeːʊm ˌɡəˈʃlɔsən]

هل يوجد مدخل للمعاقين؟
Gibt es einen behindertengerechten Zugang?
[ɡiːpt ɛs ˈaɪ̯nən bəˈhɪndɐtn̩ɡəˌʀɛçtən ˈʦuːɡaŋ]

هل يوجد إرشاد سمعي بالإنجليزية؟
Gibt es einen englischsprachigen Hör-Reiseführer?
[ɡiːpt ɛs ˈaɪ̯nən ˈɛŋlɪʃʃpʀaːχɪɡn̩ ˈhøːɐ̯ˌʀaɪ̯zəˌfyːʀɐ]

Im Museum - في المتحف

أتمانع في التقاط صورة لي؟
Würden Sie bitte ein Bild von mir machen?
['vʏʁdən zi: 'bɪtə aɪ̯n bɪlt fɔn mi:ɐ̯ 'maχn̩]

هل أستطيع استعمال الفلاش؟
Darf ich den Blitz benutzen?
[daʁf ɪç de:n blɪʦ ˌbə'nʊʦn̩]

هل أستطيع التقاط الصور هنا؟
Darf ich hier fotografieren?
[daʁf ɪç hi:ɐ̯ ˌfotogʀa'fi:ʀən]

كلمات مفيدة

Besuchszeiten	[bə'zu:χsˌʦaɪ̯tn̩]	ساعات الزيارة
Geöffnet	[gə'ʔœfnət]	مفتوح
Geschlossen	[gə'ʃlɔsən]	مغلق
Freier Eintritt	['fʀaɪ̯ɐ 'aɪ̯nˌtʀɪt]	دخول مجاني
erbaut um	[ɛɐ̯'baʊ̯t ʊm]	بُني في
gegründet um	[gə'gʀʏndət ʊm]	أُسس في
Maler	['ma:lɐ]	رسام
Meisterwerk	['maɪ̯stɐˌvɛʁk]	تحفة
Ausstellung	['aʊ̯sˌʃtɛlʊŋ]	عرض
König	['kø:nɪç]	ملك
Königin	['kø:nɪgɪn]	ملكة
Nur für Mitarbeiter	[nu:ɐ̯ fy:ɐ̯ 'mɪtʔaʁˌbaɪ̯tɐ]	للعاملين فقط
Bitte nicht berühren	['bɪtə nɪçt bə'ʀy:ʀən]	ممنوع اللمس

Unterhaltung/Filme/Theater - الترفيه/الأفلام/المسرح

هل عندكم برنامج للعروض الفنية؟
Haben Sie ein Veranstaltungsprogramm?
['ha:bən zi: aɪ̯n fɛɐ̯'ʔanʃtaltʊŋspʀoˌgʀam]

هل أستطيع الحصول على البرنامج من فضلك؟
Kann ich bitte das Programm haben?
[kan ɪç 'bɪtə das pʀo'gʀam 'ha:bən]

هل يمكنكَ أن تنصحني بمشاهدة حفل موسيقي؟
Können Sie mir ein Konzert empfehlen?
['kœnən zi: mi:ɐ̯ aɪ̯n kɔn'tsɛʁt ˌɛm'pfe:lən]

هل ما زالت هناك مقاعد شاغرة لهذه الليلة؟
Gibt es noch Plätze für heute Abend?
[gi:pt ɛs nɔχ 'plɛtsə fy:ɐ̯ 'hɔɪ̯tə 'a:bn̩t]

في أي وقت يبدأ الاستعراض؟
Um wie viel Uhr fängt die Vorstellung an?
[ʊm vi: fi:l u:ɐ̯ fɛŋt di: 'fo:ɐ̯ʃtɛlʊŋ an]

في أي وقت يبدأ الحفل الموسيقي؟
Um wie viel Uhr fängt das Konzert an?
[ʊm vi: fi:l u:ɐ̯ fɛŋt das ˌkɔn'tsɛʁt an]

إلى متى يستمر؟
Wie lange dauert es?
[vi: 'laŋə 'daʊ̯ɐt ɛs]

أين غرفة حفظ المعاطف؟
Wo ist die Garderobe?
[vo: ɪst di: ˌgaʁdə'ʀo:bə]

هل تحب الذهاب إلى المسرح معي؟
Möchten Sie mit mir ins Theater gehen?
['mœçtn̩ zi: mɪt mi:ɐ̯ ɪns ˌte'a:tɐ 'ge:ən]

سأحضر التذاكر.
Ich besorge die Eintrittskarten.
[ɪç bə'zɔʁgə di: 'aɪ̯ntʀɪʦˌkaʁtən]

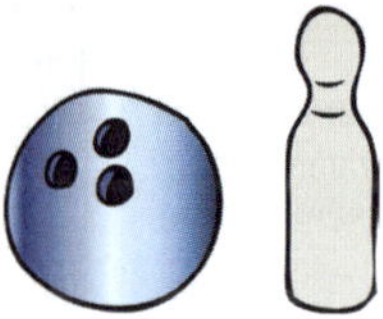

هل المسافة بعيدة إلى نادي البولنغ؟
Ist es weit bis zum Bowlingklub?
[ɪst ɛs vaɪ̯t bɪs tsʊm 'bo:lɪŋˌklʊp]

هل المسافة بعيدة إلى النادي الليلي؟
Ist es weit bis zum Nachtklub?
[ɪst ɛs vaɪ̯t bɪs tsʊm 'naχtˌklʊp]

هل المسافة بعيدة إلى الديسكو؟
Ist es weit bis zur Disko?
[ɪst ɛs vaɪ̯t bɪs tsu:ɐ̯ 'dɪsko]

ما نوع الموسيقى التي يعزفون؟
Welche Musik wird dort gespielt?
['vɛlçə mu'zi:k vɪʁt dɔʁt gə'ʃpi:lt]

هل هناك قيمة الدخول؟
Ist der Eintritt gebührenpflichtig?
[ɪst de:ɐ̯ 'aɪ̯nˌtʀɪt gə'by:ʀənˌpflɪçtɪç]

Bank

المصرف

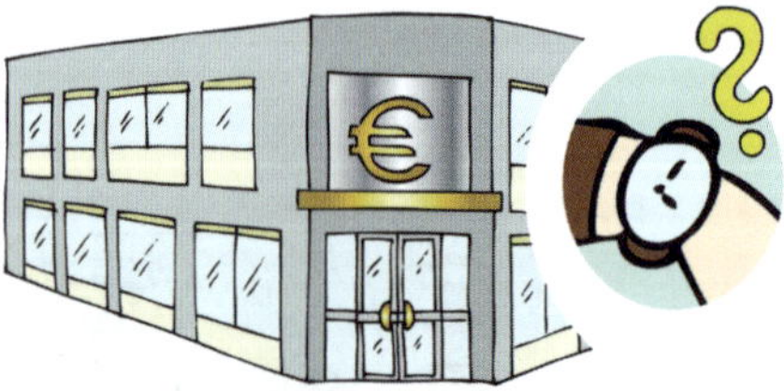

إلى أية ساعة يظل المصرف مفتوحا؟
Bis wann ist die Bank geöffnet?
[bɪs van ɪst di: baŋk ˌgəˈʔœfnət]

إلى أية ساعة يظل مكتب تحويل العملات مفتوحا؟
Bis wann ist die Wechselstube geöffnet?
[bɪs van ɪst di: ˈvɛksl̩ʃtu:bə ˌgəˈʔœfnət]

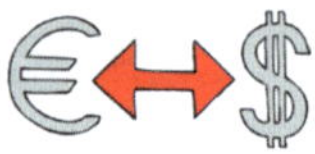

أين يوجد أقرب مكتب تحويل عملات؟
Wo ist die nächste Wechselstube?
[vo: ɪst di: ˈnɛ:çstə ˈvɛksl̩ʃtu:bə]

هل أستطيع سحب نقود على بطاقتي الائتمانية هنا؟
Kann ich hier Geld mit meiner Kreditkarte abheben?
[kan ɪç hi:ɐ̯ gɛlt mɪt maɪ̯nɐ kʀeˈdi:tˌkaʁtə ˈapˌhe:bn̩]

أين ماكينات الصراف الآلي؟
Wo sind die Geldautomaten?
[vo: zɪnt di: ˈgɛltʔaʊ̯toˌma:tn̩]

كلمات مفيدة

Geldautomat [ˈgɛltʔaʊ̯toˌma:t]	ماكينة الصراف الآلي
Bank [baŋk]	مصرف
Geld [gɛlt]	نقود
Bargeld [ˈba:ɐ̯ˌgɛlt]	نقد
Banknoten [ˈbaŋkˌno:tn̩]	عملات ورقية
Münzen [ˈmʏntsn̩]	عملات معدنية
Quittung [ˈkvɪtʊŋ]	إيصال
Provision [ˌpʀoviˈzi̯o:n]	عمولة
Reisescheck [ˈʀaɪ̯zəʃɛk]	شيك سياحي
Zinssatz [ˈtsɪnsˌzats]	سعر الفائدة
VISA®-Karte [ˈvi:zaˌkaʁtə]	فيزا
MasterCard® [ˈma:stəka:d]	ماستر كارد
American Express® Karte [əˈmerɪkən ɛksˈpʀɛs ˈkaʁtə]	أمريكان اكسبرس

Einzahlung/Abhebung - إيداع/سحب

أود سحب بعض النقود.
Ich möchte etwas Geld abheben.
[ɪç 'mœçtə 'ɛtvas gɛlt 'apˌhe:bn̩]

أود إيداع بعض النقود.
Ich möchte etwas Geld einzahlen.
[ɪç 'mœçtə 'ɛtvas gɛlt 'aɪ̯nˌtsa:lən]

أود فتح حساب.
Ich möchte ein Konto eröffnen.
[ɪç 'mœçtə aɪ̯n 'kɔnto ˌɛɐ̯'ʔœfnən]

أود فتح حساب توفير.
Ich möchte ein Sparkonto eröffnen.
[ɪç 'mœçtə aɪ̯n 'ʃpaɐ̯ˌkɔnto ˌɛɐ̯'ʔœfnən]

أود فتح حساب دفتر شيكات.
Ich möchte ein Girokonto eröffnen.
[ɪç 'mœçtə aɪ̯n 'ʒi:ʀoˌkɔnto ˌɛɐ̯'ʔœfnən]

أحتاج إلى قسيمة إيداع.
Ich brauche einen Einzahlungsbeleg.
[ɪç 'bʀaʊ̯χə 'aɪ̯nən 'aɪ̯nˌtsa:lʊŋsbəˌle:k]

هل جواز سفري ضروري؟
Brauchen Sie meinen Reisepass?
['bʀaʊ̯χən zi: 'maɪ̯nən 'ʀaɪ̯zəˌpas]

هذه هي هويتي.
Hier ist mein Ausweis.
[hi:ɐ̯ ɪst maɪ̯n 'aʊ̯sˌvaɪ̯s]

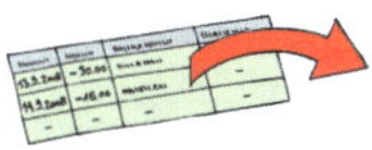

أحتاج إلى قسيمة سحب.
Ich brauche einen Auszahlungsbeleg.
[ɪç 'bʀaʊ̯χə 'aɪ̯nən 'aʊ̯sˌtsa:lʊŋsbəˌle:k]

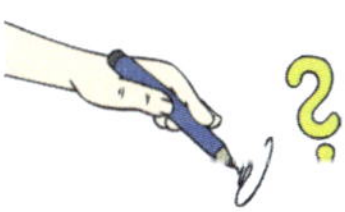

أين أوقع؟
Wo soll ich unterschreiben?
[vo: zɔl ɪç ˌʊntɐ'ʃʀaɪ̯bən]

Geldwechsel - تحويل العملات

أين يمكنني تغيير النقود؟
Wo kann ich Geld wechseln?
[vo: kan ɪç gɛlt 'vɛksl̩n]

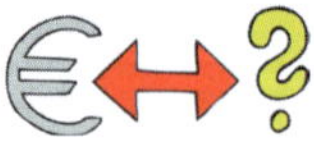

ما سعر التحويل لليورو؟
Wie ist der Wechselkurs für Euro?
[vi: ɪst de:ɐ̯ 'vɛksl̩ˌkʊʁs fy:ɐ̯ 'ɔɪ̯ʀo]

أريد صرف هذا الشيك السياحي.
Ich möchte diesen Reisescheck einlösen.
[ɪç 'mœçtə 'di:zən 'ʀaɪ̯zəʃɛk 'aɪ̯nˌlø:zən]

كم تبلغ العمولة؟
Wie hoch ist die Provision?
[vi: ho:χ ɪst di: ˌpʀovi'zi̯o:n]

هل تستطيع فك هذه العملة الورقية لي؟
Können Sie mir diesen Schein wechseln?
['kœnən zi: mi:ɐ̯ 'di:zən ʃaɪ̯n 'vɛksl̩n]

كلمات مفيدة

Geldwechsel ['gɛltˌvɛksl̩]	تحويل العملات
Dollar ['dɔlaʁ]	دولار
Euro ['ɔɪ̯ʀo]	يورو
Pfund [pfʊnt]	جنيه
Peso ['pe:zo]	بيزو
Rupie ['ʀu:pi̯ə]	روبية
Rubel ['ʀu:bl̩]	روبل
Dinar [di'na:ɐ̯]	دينار
Schekel ['ʃe:kl̩]	شيكل
Lari ['laʀɪ]	لاري
Yuan ['ju:an]	يوان
Real [ʀe'a:l]	ريال
Yen [jɛn]	ين
Won [vɔn]	وون

وسائل الاتصال
Kommunikation

Postamt - مكتب البريد

أين يوجد أقرب مكتب بريد؟
Wo ist das nächste Postamt?
[vo: ɪst das ˈnɛ:çstə ˈpɔstˌʔamt]

أين يوجد صندوق البريد؟
Wo ist der Briefkasten?
[vo: ɪst de:ɐ̯ ˈbʀi:fˌkastn̩]

هل لَك أن تدلني من فضلكَ على مكتب البريد؟
Würden Sie mir bitte den Weg zum Postamt zeigen?
[ˈvʏʁdən zi: mi:ɐ̯ ˈbɪtə de:n ve:k tsʊm ˈpɔstˌʔamt ˈʦaɪ̯gn̩]

أين يوجد أقرب مقهى إنترنت؟
Wo ist das nächste Internetcafé?
[vo: ɪst das ˈnɛ:çstə ˈɪntɐnɛtkaˌfe:]

أين أستطيع الحصول على طوابع وبطاقات بريدية؟
Wo kann ich Briefmarken und Postkarten kaufen?
[vo: kan ɪç ˈbʀi:fˌmaʁkn̩ ʊnt ˈpɔstˌkaʁtn̩ ˈkaʊ̯fn̩]

أين يوجد التوزيع العادي؟
Wo sind die postlagernden Sendungen?
[vo: zɪnt di: ˈpɔstˌla:gɐndn̩ ˈzɛndʊŋən]

Postamt - مكتب البريد

طابع
Briefmarke
['bʀi:fˌmaʁkə]

طرد
Päckchen
['pɛkçən]

بطاقة بريدية
Postkarte
['pɔstˌkaʁtə]

صندوق بريد
Briefkasten
['bʀi:fˌkastn̩]

خطاب
Brief
[bʀi:f]

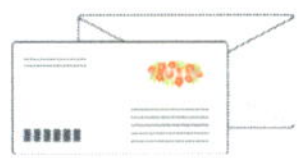

مظروف
Umschlag
['ʊmʃla:k]

كم تبلغ قيمة الطوابع المطلوبة لهذه الخطابات؟
Was kosten Briefmarken für diese Briefe?
[vas 'kɔstn̩ 'bʀi:fˌmaʁkn̩ fy:ɐ̯ 'di:zə 'bʀi:fə]

هل تعرف أجرة البريد إلى أوروبا؟
Wie hoch ist das Porto nach Europa?
[vi: ho:χ ɪst das 'pɔʁto na:χ ˌɔɪ̯'ʀo:pa]

Postamt - مكتب البريد

أحتاج إلى قلم.
Ich brauche einen Stift.
[ɪç ˈbʀaʊ̯χə ˈaɪ̯nən ʃtɪft]

أود إرسال هذا بالبريد السريع.
Ich möchte das hier als Eilsendung verschicken.
[ɪç ˈmœçtə das hiːɐ̯ als ˈaɪ̯lˌzɛndʊŋ fɛɐ̯ˈʃɪkn̩]

أود إرسال هذا بالبريد المسجل.
Ich möchte das hier per Einschreiben verschicken.
[ɪç ˈmœçtə das hiːɐ̯ pɛʁ ˈaɪ̯nˌʃʀaɪ̯bn̩ fɛɐ̯ˈʃɪkn̩]

أود إرسال هذا بالبريد الجوي.
Ich möchte das hier mit Luftpost verschicken.
[ɪç ˈmœçtə das hiːɐ̯ mɪt ˈlʊftˌpɔst fɛɐ̯ˈʃɪkn̩]

كلمات مفيدة

Postanschrift [ˈpɔstˌanʃʀɪft] . . . . عنوان بريدي
Absenderadresse [ˈapˌzɛndɐaˌdʀɛsə] . . . . عنوان المرسل
als Einschreiben [als ˈaɪ̯nˌʃʀaɪ̯bn̩] . . . . مسجل
versichert [fɛɐ̯ˈzɪçɐt] . . . . مؤمن عليه
zerbrechlich [t͡sɛɐ̯ˈbʀɛçlɪç] . . . . قابل للكسر
Inhalt [ˈɪnhalt] . . . . محتويات
nach/von [naːχ / fɔn] . . . . إلى/من
Postleitzahl [ˈpɔstlaɪ̯tˌt͡saːl] . . . . الرمز البريدي
Telegramm [teleˈgʀam] . . . . برقية

Telefon - تليفون

هل تسمح لي باستعمال تلفونكَ؟
Kann ich Ihr Telefon benutzen?
[kan ɪç i:ɐ̯ ˌtɛlɛ'fɔ:n bə'nʊt͡sn̩]

هل أستطيع طلب الرقم مباشرة؟
Kann ich direkt wählen?
[kan ɪç di'ʀɛkt 'vɛ:lən]

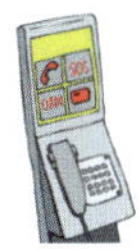

أين يمكنني أن أجد تلفون عمومي بالقرب من هنا؟
Wo gibt es hier in der Nähe ein öffentliches Telefon?
[vo: gi:pt ɛs hi:ɐ̯ ɪn de:ɐ̯ 'nɛ:ə aɪ̯n 'œfn̩tˌlɪçəs ˌtɛlɛ'fɔ:n]

أريد أن أجري مكالمة دولية.
Ich möchte ein internationales Gespräch führen.
[ɪç 'mœçtə aɪ̯n ˌɪntenat͡si̯o'na:ləs gə'ʃpʀɛ:ç 'fy:ʀən]

أريد أن أجري مكالمة مدفوعة ببطاقة ائتمان.
Ich möchte ein Kreditkartengespräch führen.
[ɪç 'mœçtə aɪ̯n kʀe'di:tˌkaʁtn̩gəʃpʀɛ:ç 'fy:ʀən]

الخط مشغول.
Die Leitung ist besetzt.
[di: 'laɪ̯tʊŋ ɪst bə'zɛt͡st]

كم تكلف الدقيقة؟
Was kostet es pro Minute?
[vas 'ko:stət ɛs pʀo: ˌmi'nu:tə]

Telefon - تليفون

طلبت الرقم الخطأ.
Ich habe mich verwählt.
[ɪç 'ha:bə mɪç fɛɐ̯'vɛ:lt]

انتظر على الخط من فضلكَ.
Bitte bleiben Sie am Apparat.
['bɪtə 'blaɪ̯bm̩ zi: am apa'ʀa:t]

سوف أتصل فيما بعد.
Ich rufe später noch einmal an.
[ɪç 'ʀu:fə 'ʃpɛ:tɐ nɔχ 'aɪ̯nma:l an]

هل تستطيع طلب الرقم لي؟
Können Sie für mich wählen?
['kœnən zi: fy:ɐ̯ mɪç 'vɛ:lən]

هل تستطيع الحديث بالنيابة عني؟
Können Sie für mich sprechen?
['kœnən zi: fy:ɐ̯ mɪç 'ʃpʀɛçn̩]

كيف تتهجى ذلك؟
Buchstabieren Sie bitte.
[ˌbu:χʃta'bi:ʀən zi: 'bɪtə]

هل لي أن أسأل من المتصل؟
Wer spricht da, bitte?
[ve:ɐ̯ ʃpʀɪçt da: 'bɪtə]

Telefon - تليفون

هل أستطيع ترك رسالة؟
Kann ich eine Nachricht hinterlassen?
['kan ɪç 'aɪ̯nə 'naːχˌʀɪçt ˌhɪntɐ'lasn̩]

شكرا على اتصالكَ.
Vielen Dank für Ihren Anruf.
['fiːlən daŋk fyːɐ̯ 'iːʀən 'anˌʀuːf]

في أي وقت من المتوقع عودته؟
Wann ist er voraussichtlich zurück?
[van ɪst eːɐ̯ fo'ʀaʊ̯sˌzɪçtlɪç tsu'ʀʏk]

من فضلكَ اطلب منه الاتصال بي.
Bitte sagen Sie ihm, er möge mich anrufen.
['bɪtə 'zaːgŋ ziː iːm eːɐ̯ 'møːgə mɪç 'anˌʀuːfn̩]

كلمات مفيدة

Ortsgespräch ['ɔʁtsgəʃpʀɛːç] . . . . مكالمة محلية
Ferngespräch ['fɛʁngəʃpʀɛːç] . . . . مكالمة دولية
Telefonkarte ['tɛˌlɛfɔːnˌkaʁtə] . . . . بطاقة تلفون
Vermittlung [fɛɐ̯'mɪtlʊŋ] . . . . عامل التلفون
Landesvorwahl ['landəsˌfoːɐ̯ˌvaːl] . . . . كود البلد
Ortsvorwahl ['ɔʁtsˌfoːɐ̯ˌvaːl] . . . . كود المنطقة
Telefonbuch [tele'foːnˌbuːχ] . . . . دليل تلفونات
außer Betrieb [ˌaʊ̯sɐ bə'tʀiːp] . . . . معطل

Internet - الإنترنت

كيف أسجل دخولي؟
Wie kann man einloggen?
[viː kan man ˈaɪ̯nˌlɔgn̩]

هل أستطيع الدخول على الإنترنت هنا؟
Kann ich hier ins Internet gehen?
[kan ɪç hiːɐ̯ ɪns ˈɪntɐnɛt ˈgeːən]

كم تبلغ التكلفة في الساعة؟
Wie hoch ist die Gebühr pro Stunde?
[viː hoːχ ɪst diː gəˈbyːɐ̯ pʀoː ˈʃtʊndə]

أود إرسال رسالة بالبريد الإلكتروني.
Ich würde gerne eine E-Mail-Nachricht schicken.
[ɪç ˈvʏʁdə ˈgɛʁnə ˈaɪ̯nə ˈiːmeɪ̯lˌnaːχʀɪçt ˈʃɪkn̩]

ما عنوان بريدكَ الإلكتروني؟
Wie ist Ihre E-Mail-Adresse?
[viː ɪst ˈiːʀə ˈiːmeɪ̯lʔaˌdʀɛsə]

أود إرسال رسالة بالفاكس.
Ich würde gerne eine Faxnachricht schicken.
[ɪç ˈvʏʁdə ˈgɛʁnə ˈaɪ̯nə ˈfaksˌnaːχˌʀɪçt ˈʃɪkn̩]

في المطعم
Im Restaurant

هل توجد مطاعم جيدة في هذه المنطقة؟
Gibt es hier in der Nähe gute Restaurants?
[gi:pt ɛs hi:ɐ̯ ɪn de:ɐ̯ 'nɛ:ə 'gu:tə ˌʀɛsto'ʀã:s]

هل توجد مطاعم رخيصة في هذه المنطقة؟
Gibt es hier in der Nähe billige Restaurants?
[gi:pt ɛs hi:ɐ̯ ɪn de:ɐ̯ 'nɛ:ə 'bɪlɪgə ˌʀɛsto'ʀã:s]

هل توجد مطاعم أصيلة في هذه المنطقة؟
Gibt es hier in der Nähe authentische Restaurants?
[gi:pt ɛs hi:ɐ̯ ɪn de:ɐ̯ 'nɛ:ə aʊ̯'tɛntɪʃə ˌʀɛsto'ʀã:s]

هل توجد مطاعم نباتية في هذه المنطقة؟
Gibt es hier in der Nähe vegetarische Restaurants?
[gi:pt ɛs hi:ɐ̯ ɪn de:ɐ̯ 'nɛ:ə ˌvege'ta:ʀɪʃə ˌʀɛsto'ʀã:s]

أين أستطيع أن أجد مقهى؟
Wo kann ich einen Kaffeeshop finden?
[vo: kan ɪç 'aɪ̯nən 'kafeˌʃɔp 'fɪndn̩]

أين أستطيع أن أجد قاعة لتناول الشاي؟
Wo kann ich eine Teestube finden?
[vo: kan ɪç 'aɪ̯nə 'te:ʃtu:bə 'fɪndn̩]

Reservierungen - الحجز

أين أستطيع أن أجد مطعم للعشاء؟
Wo kann ich ein Speiselokal finden?
[vo: kan ɪç aɪ̯n 'ʃpaɪ̯zəloˌka:l 'fɪndn̩]

أين أستطيع أن أجد مطعم للوجبات السريعة؟
Wo kann ich ein Fastfood-Restaurant finden?
[vo: kan ɪç aɪ̯n 'fa:stfu:tʀɛstoˌʀã: 'fɪndn̩]

مكان ما لا يكون غاليا جدا.
Ein Lokal, wo es nicht zu teuer ist.
[aɪ̯n lo'ka:l vo: ɛs nɪçt tsu: 'tɔɪ̯ɐ ɪst]

أود الذهاب إلى مطعم هندي.
Ich möchte in ein indisches Restaurant gehen.
[ɪç 'mœçtə ɪn aɪ̯n 'ɪndɪʃəs ˌʀɛsto'ʀã: 'ge:ən]

هل تستطيع أن تحجز لي؟
Können Sie für mich eine Reservierung machen?
['kœnən zi: fy:ɐ̯ mɪç 'aɪ̯nə ˌʀezɛʁ'vi:ʀʊŋ 'maχn̩]

هل أستطيع تذوق المطبخ المحلي هناك؟
Kann ich dort einheimische Gerichte probieren?
[kan ɪç dɔʁt ˈa̯ɪnˌha̯ɪmɪʃə ˌgəˈʀɪçtə ˌpʀoˈbi:ʀən]

أريد تناول أفضل طعام محلي.
Ich möchte die besten einheimischen Gerichte essen.
[ɪç ˈmœçtə di: ˈbɛstn̩ ˈa̯ɪnˌha̯ɪmɪʃn̩ gəˈʀɪçtə ˈɛsn̩]

أود حجز طاولة لليلة.
Ich möchte einen Tisch für heute Abend bestellen.
[ɪç ˈmœçtə ˈa̯ɪnən tɪʃ fy:ɐ̯ ˈhɔɪ̯tə ˈa:bn̩t ˌbəˈʃtɛlən]

متى تبدؤون بتقديم وجبة الإفطار؟
Um wie viel Uhr werden Sie zum Frühstück geöffnet?
[ʊm vi: fi:l u:ɐ̯ ˈve:ɐ̯dn̩ zi: tsʊm ˈfʀy:ʃtʏk ˌgəˈʔœfnət]

سنأتي في الساعة السابعة.
Wir kommen um sieben Uhr.
[vi:ɐ̯ ˈkɔmən ʊm ˈzi:bm̩ u:ɐ̯]

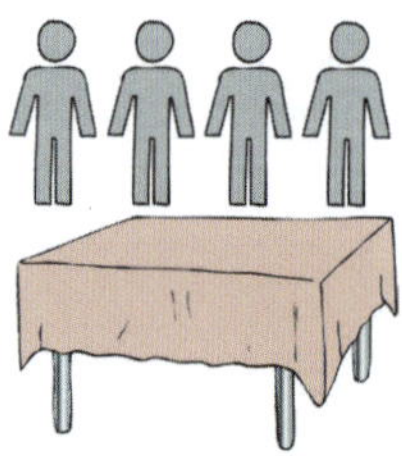

أريد طاولة لأربعة أشخاص.
Ich hätte gerne einen Tisch für vier Personen.
[ɪç ˈhɛtə ˈgɛʁnə ˈa̯ɪnən tɪʃ fy:ɐ̯ fi:ɐ̯ ˌpɛʁˈzo:nən]

Im Restaurant - في المطعم

Speisen bestellen - طلب الطعام

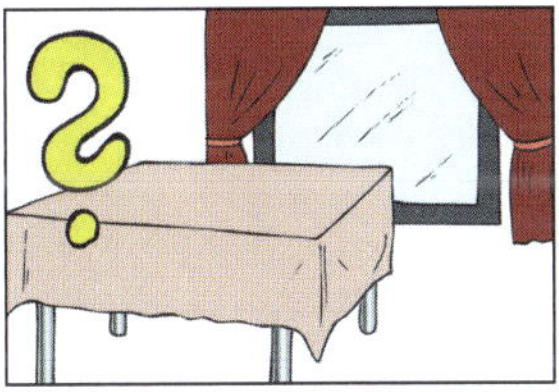

هل لديكم طاولة بجوار النافذة؟
Haben Sie einen Tisch am Fenster?
['ha:bən zi: 'aɪ̯nən tɪʃ am 'fɛnstɐ]

هل أستطيع الجلوس هناك؟
Kann ich dort drüben sitzen?
[kan ɪç dɔʁt dʀy:bn̩ 'zɪtsn̩]

هل أستطيع الجلوس في منطقة المدخنين؟
Kann ich im Raucherbereich sitzen?
[kan ɪç ɪm 'ʀaʊ̯χɐbəˌʀaɪ̯ç 'zɪtsn̩]

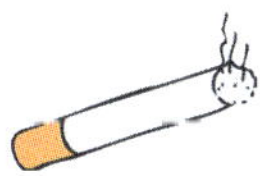

هل أستطيع الجلوس في منطقة غير المدخنين؟
Kann ich im Nichtraucherbereich sitzen?
[kan ɪç ɪm 'nɪçtˌʀaʊ̯χɐbəˌʀaɪ̯ç 'zɪtsn̩]

أريد تقديم طلب.
Ich möchte eine Bestellung aufgeben.
[ɪç 'mœçtə 'aɪ̯nə bə'ʃtɛlʊŋ 'aʊ̯fˌge:bn̩]

أريد رؤية قائمة الطعام.
Ich möchte die Speisekarte sehen.
[ɪç 'mœçtə di: 'ʃpaɪ̯zəˌkaʁtə 'ze:ən]

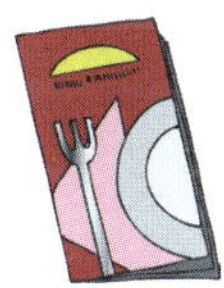

أريد سلطة فقط.
Ich hätte gerne nur einen Salat.
[ɪç 'hɛtə 'gɛʁnə nu:ɐ̯ 'aɪ̯nən za'la:t]

أريد مشروبا.
Ich hätte gerne etwas zu trinken.
[ɪç 'hɛtə 'gɛʁnə 'ɛtvas tsu: 'tʀɪŋkn̩]

Speisen bestellen - طلب الطعام

ما الطبق الذي يشتهر به المطعم؟
Was ist die Spezialität des Hauses?
[vas ɪst di: ʃpeʦi̯ali'tɛ:t dɛs 'haʊ̯zəs]

أريد طلب وجبة.
Ich möchte ein Gericht bestellen.
[ɪç 'mœçtə aɪ̯n gə'ʀɪçt ˌbə'ʃtɛlən]

في المطعم: مقبلات

Kartoffelchips	[kaʁ'tɔfl̩ˌʧɪps]	رقائق البطاطس
Biernüsse	['bi:ɐ̯ˌnʏsə]	الجوز للبيرة.
Toast	[toʊ̯st]	خبز محمص
Knoblauchbrot	['kno:pˌlaʊ̯χˌbʀo:t]	خبز بالثوم
Salat	[za'la:t]	سلطة
Salatbar	[za'la:tˌba:ɐ̯]	منضدة السلطة
Chefsalat	['ʃɛfzaˌla:t]	سلطة رئيس الطهاة
griechischer Salat	['gʀi:çɪʃe za'la:t]	سلطة يونانية
grüner Salat	['gʀy:ne za'la:t]	سلطة خضراء
Cäsar-Salat	['ʦɛ:zaʁzaˌla:t]	سلطة قيصر.
Obstsalat	['o:pstzaˌla:t]	سلطة فواكه
Kartoffelsalat	[kaʁ'tɔfl̩zaˌla:t]	سلطة بطاطس
Krautsalat	['kʀaʊ̯tzaˌla:t]	سلطة الكرنب
Krabbensalat	['kʀabn̩zaˌla:t]	كوكتيل الجمبري.

سآخذ مثلما تطلب.
Ich nehme das, was Sie empfehlen.
[ɪç 'ne:mə das vas zi: ˌɛm'pfe:lən]

Speisen bestellen - طلب الطعام

Austereintopf ['aʊ̯ste,aɪ̯ntɔpf]	محار مطهو
Omelette [ɔm'lɛt]	امليت
weichgekochte Eier ['vaɪ̯çgə,kɔχtə 'aɪ̯əʁ]	بيض برشت
hartgekochte Eier ['haʁtgə,kɔχtə 'aɪ̯əʁ]	بيض مسلوق سلقا جيدا
Cornflakes ['ko:ɐ̯nfle:ks]	رقائق الذرة
Haferflocken ['ha:fɐflɔkən]	دقيق الشوفان
Hühnerflügel ['hy:nɐ,fly:gl]	أجنحة الدجاج
Hamburger ['ham,bʊʁgɐ]	هامبورجر
belegtes Brötchen [bə'le:ktəs 'bʀø:tçən]	سندوتش
Lachsbrot ['laks,bʀo:t]	سندوتش سلمون
Sardinenbrot [zaʁ'di:nən,bʀo:t]	سندوتش سردين
Club-Sandwich ['klʊp,zɛntvɪtʃ]	سندوتش من اللحوم المشكلة والطماطم والخس
Cheeseburger ['tʃiz,bɜrgər]	تشيز برجر
Hot Dog ['hɔtdɔk]	هوت دوج
Kebab [ke'ba(:)p]	كباب

	في المطعم: حساء
erster Gang ['e:ɐ̯stɐ gaŋ]	الطبق الأول
Fleischbrühe/Brühe ['flaɪ̯ʃ,bʀy:ə / 'bʀy:ə]	مرق
Cremesuppe ['kʀɛ:m,zʊpə]	حساء كريمي
Brokkolisuppe ['bʀɔkoli,zʊpə]	حساء بروكلي
Pilzsuppe ['pɪlts,zʊpə]	حساء عش الغراب
Tomatensuppe [to'ma:tən,zʊpə]	حساء الطماطم
Zwiebelsuppe ['tsvi:bl̩,zʊpə]	حساء البصل
Kürbissuppe ['kʏʁbɪs,zʊpə]	حساء القرع العسلي
Bohnensuppe ['bo:nən,zʊpə]	حساء بقوليات
Ochsenschwanzsuppe ['ɔksn̩ʃvants,zʊpə]	حساء ذيل الثور
sämige Muschelsuppe ['zɛ:mɪgə 'mʊʃl̩,zʊpə]	حساء الحلزون الصدفي
Maissuppe ['maɪ̯s,zʊpə]	حساء الذرة

Speisen bestellen - طلب الطعام

هل تقدمون الطعام النباتي؟
Kann man bei Ihnen vegetarisches Essen bekommen?
[kan man baɪ̯ 'i:nən ˌvege'ta:ʀɪʃəs 'ɛsn̩ ˌbə'kɔmən]

هل تقدمون طعاما لمرضى السكر؟
Kann man bei Ihnen Essen für Diabetiker bekommen?
[kan man baɪ̯ 'i:nən 'ɛsn̩ fy:ɐ̯ ˌdia'be:tikɐ ˌbə'kɔmən]

هل هو غال؟
Ist das teuer?
[ɪst das 'tɔɪ̯ɐ]

هل هو خفيف؟
Ist das leicht?
[ɪst das laɪ̯çt]

هل هو مشبع؟
Macht das satt?
[maχt das zat]

طبق آخر من الخضراوات من فضلكَ.
Bitte noch eine Portion Gemüse.
['bɪtə nɔχ 'aɪ̯nə pɔʁ'ʦio:n ˌgə'my:zə]

لست مستعدا للطلب بعد.
Ich bin noch nicht bereit, eine Bestellung zu machen.
[ɪç bɪn nɔχ nɪçt bə'ʀaɪ̯t 'aɪ̯nə ˌbə'ʃtɛlʊŋ ʦu: 'maχn̩]

هل هو لذيذ؟
Ist das lecker?
[ɪst das 'lɛkɐ]

سآخذ هذا.
Ich nehme das.
[ɪç 'ne:mə das]

سآخذ نفس الشيء.
Ich nehme dasselbe.
[ɪç 'ne:mə das'zɛlbə]

Speisen bestellen - طلب الطعام

سأتناول شريحة لحم مع بطاطس مطبوخة.
Ich nehme ein Steak mit Backkartoffeln.
[ɪç 'ne:mə aɪ̯n ste:k mɪt 'bakkaʁˌtɔfl̩n]

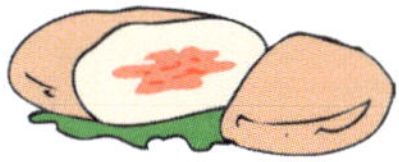

نصف مطهو من فضلكَ.
Medium, bitte.
['me:di̯ʊm 'bɪtə]

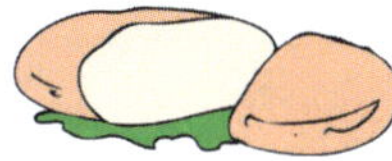

مطهو جيدا من فضلكَ.
Durch, bitte.
[dʊʁç 'bɪtə]

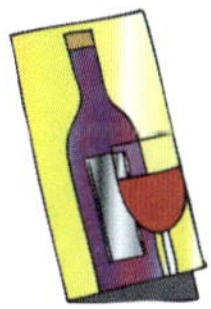

من فضلكَ أرني قائمة النبيذ.
Bitte zeigen Sie mir die Weinkarte.
['bɪtə 'ʦaɪ̯gn̩ zi: mi:ɐ̯ di: 'vaɪ̯nˌkaʁtə]

ما أنواع النبيذ لديكم؟
Welche Weinsorten haben Sie?
['vɛlçə 'vaɪ̯nzɔʁtn̩ 'ha:bən zi:]

أريد زجاجة من النبيذ الأبيض.
Ich hätte gerne eine Flasche Weißwein.
[ɪç 'hɛtə 'gɛʁnə 'aɪ̯nə 'flaʃə 'vaɪ̯sˌvaɪ̯n]

أريد زجاجة من النبيذ الأحمر.
Ich hätte gerne eine Flasche Rotwein.
[ɪç 'hɛtə 'gɛʁnə 'aɪ̯nə 'flaʃə 'ʁo:tˌvaɪ̯n]

ما ثمن الزجاجة الكاملة؟
Was kostet eine ganze Flasche?
[vas 'kɔstət 'aɪ̯nə 'gantsə 'flaʃə]

ما ثمن الكأس؟
Was kostet ein Glas?
[vas 'kɔstət aɪ̯n gla:s]

كلمات مفيدة

Hauptgericht ['hau̯ptgə,ʀɪçt]	الطبق الرئيسي
Hühnerbrust ['hy:nɐbʀʊst]	صدور الدجاج.
Putenbrust ['pu:tn̩,bʀʊst]	صدور الديك الرومي
Bruststück ['bʀʊst,ʃtʏk]	صدر الحيوان
Filet [fi'le:]	فيليه.
Nieren ['ni:ʀən]	كلاوي
Lende ['lɛndə]	لحم متن ذبيحة
Rippen ['ʀɪpn̩]	ضلوع
Rücken ['ʀʏkn̩]	قطعة لحم من ظهر الحيوان
Rippchen ['ʀɪpçən]	ضلوع رقيقة
Lendenstück ['lɛndn̩,ʃtʏk]	قطعة طرية من لحم الخاصرة.
Zunge ['tsʊŋə]	اللسان
Kotelett [kɔt'lɛt]	ضلع
Hacksteak ['hakste̯ɪk]	كستلاتة
Schnitzel ['ʃnɪtsl̩]	إسكالوب
Mini-Filet ['mɪnifi,le:]	فيليه رقيق
Steak-Filet ['ste:kfi,le:]	شريحة لحم فيليه
Gulasch ['gʊlaʃ]	غولاش
Fleischkäse ['flaɪ̯ʃ,kɛ:zə]	رغيف اللحم
Schmorbraten ['ʃmo:ɐ̯,bʀa:tn̩]	لحم مشوي في القدر
Fleischeintopf ['flaɪ̯ʃ,aɪ̯ntɔpf]	لحم مطهو
Lammeintopf ['lam,aɪ̯ntɔpf]	خروف مطهو
Karnickeleintopf [kaʁ'nɪkl̩,aɪ̯ntɔpf]	أرنب مطهو.
Bœuf Stroganoff [bu:f 'ʃtʁo:ganɔf]	ستروجانوف اللحم.
Kochfleisch ['kɔχ,flaɪ̯ʃ]	لحم مسلوق
Rinderbraten ['ʀɪnde,bʀa:tn̩]	لحم بقري مشوي
Hühnerbraten ['hy:ne,bʀa:tn̩]	دجاجة مشوية
Entenbraten ['ɛntn̩,bʀa:tn̩]	بطة مشوية.
Schweinebraten ['ʃvaɪ̯nə,bʀa:tn̩]	لحم خنزير مشوي.
Truthahnbraten ['tʀu:t,ha:n,bʀa:tn̩]	ديك رومي مشوي

Hauptgericht - الطبق الرئيسي

كلمات مفيدة

Kalbsbraten ['kalps,bʀa:tn̩] . . . . لحم عجل مشوي
Schweizer Steak ['ʃvaɪ̯tse ste:k]. . . . . شريحة لحم سويسرية
T-bone-Steak ['ti:bəʊn,ste:k] . . . . شريحة لحم من الخاصرة عند عظمة التي
Rib-Eye-Steak ['ʀi:baɪ,ste:k] . . . . شريحة لحم بدون عظم
Brat-Steak ['bʀa:t,ste:k]. . . . . شريحة لحم مقلية
Beikost/Beilage ['baɪ̯,kɔst / 'baɪ̯,la:gə] . . . . طبق جانبي/طلب جانبي/توابل للنكهة
Pommes frites [pɔm'frɪt]. . . . . بطاطس مقلية
Nudeln ['nu:dl̩n]. . . . . شرائح المعكرونة
Schmorlauch ['ʃmo:ɐ̯,laʊ̯χ] . . . . بصل مطهو ببطء
Püree [py'ʀe:]. . . . . بوريه
Reis [ʀaɪ̯s] . . . . أرز
Pasta ['pasta]. باستة
Makkaroni [maka'ʀo:nɪ]. . . . . معكرونة
Spaghetti [ʃpa'gɛti] . . . . سباغيتي
Linguini [lɪŋ'gwini]. . . . . لينغويني
Fadennudeln/dünne Suppennudeln ['fa:dn̩,nu:dl̩n / dʏnə 'zʊpn̩,nu:dl̩n] شعرية/شعر الملاك
Pizza ['pɪtsa]. بيتزا
Belag [bə'la:k]. . . . . إضافات
gebacken [gə'bakən] . . . . مخبوز
gegrillt [gə'gʀɪlt] . . . . مشوي
gekocht [gə'kɔχt] . . . . مغلي
geschmort [gə'ʃmo:ɐ̯t]. . . . . مطهو ببطء
gebraten [gə'bʀa:tn̩] . . . . مخبوز
abgekühlt ['apgə,ky:lt]. . . . . مبرد
auf Bestellung zubereitet [aʊ̯f bə'ʃtɛlʊŋ 'tsu:bə,ʀaɪ̯tət] . . . . مطبوخ حسب الطلب
frittiert [,fʀɪ'ti:ɐ̯t]. . . . . مقلي جيدا
frisch [fʀɪʃ] . . . . طازج
selbst gemacht [zɛlpst gə'maχt] . . . . صناعة منزلية

أريد فنجانا من القهوة.
Ich hätte gerne eine Tasse Kaffee.
[ɪç ˈhɛtə ˈɡɛʁnə ˈaɪ̯nə ˈtasə ˈkafe]

عصير كريبفروت.
Grapefruitsaft.
[ˈɡʀeːpfʀuːtˌzaft]

عصير برتقال.
Orangensaft.
[oˈʀɑ̃ːʒn̩ˌzaft]

عصير فواكه.
Fruchtsaft.
[ˈfʀʊχtˌzaft]

عصير طماطم.
Tomatensaft.
[toˈmaːtn̩ˌzaft]

ماذا تقدمون من الحلوى؟
Was haben Sie zum Nachtisch?
[vas ˈhaːbən ziː tsʊm ˈnaːχˌtɪʃ]

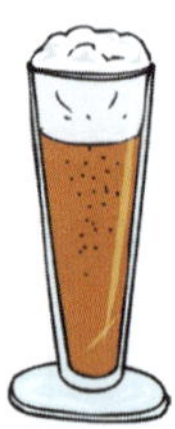

هل لي في كأس من البيرة؟
Kann ich ein Glas Bier haben?
[kan ɪç aɪ̯n glaːs biːɐ̯ ˈhaːbən]

هل أستطيع الحصول على بعض الزيت؟
Könnten Sie bitte etwas Öl bringen?
['kœntn̩ zi: 'bɪtə 'ɛtvas ø:l 'bʀɪŋən]

هل أستطيع الحصول على بعض الفلفل؟
Könnten Sie bitte etwas Pfeffer bringen?
['kœntn̩ zi: 'bɪtə 'ɛtvas 'pfɛfɐ 'bʀɪŋən]

هل أستطيع الحصول على بعض الملح؟
Könnten Sie bitte etwas Salz bringen?
['kœntn̩ zi: 'bɪtə 'ɛtvas zalʦ 'bʀɪŋən]

هل أستطيع الحصول على بعض السكر؟
Könnten Sie bitte etwas Zucker bringen?
['kœntn̩ zi: 'bɪtə 'ɛtvas 'ʦʊkɐ 'bʀɪŋən]

هل أستطيع الحصول على كوب نظيف؟
Kann ich bitte eine saubere Tasse haben?
[kan ɪç 'bɪtə 'aɪ̯nə 'zaʊ̯bəʀə 'tasə 'ha:bən]

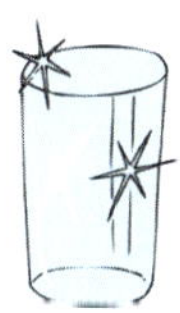

هل أستطيع الحصول على كأس نظيفة؟
Kann ich bitte ein sauberes Glas haben?
[kan ɪç 'bɪtə aɪ̯n 'zaʊ̯bəʀəs gla:s 'ha:bən]

سلطة خضراء بمرق التوابل الفرنسية.
Einen grünen Salat mit französischem Dressing.
['aɪ̯nən 'gʀy:nən za'la:t mɪt ˌfʀan'ʦø:zɪʃm̩ 'dʀɛsɪŋ]

aufgetaut ['aʊ̯fgəˌtaʊ̯t] . . . . . مذاب
püriert [py:'ʀi:ɐ̯t] . . . . . مهروس
gehackt [gə'hakt] . . . . . مفروم
pochiert [pɔ'ʃi:ɐ̯t] . . . . . مسلوق
geröstet [gə'ʀø:stət] . . . . . مشوي
geräuchert [gə'ʀɔɪ̯çɐt] . . . . . مدخن
scharf/heiß [ʃaʁf / haɪ̯s] . . . . . متبل/حار
gedünstet [gə'dʏnstət] . . . . . مطهو
gefüllt [gə'fʏlt] . . . . . محشو
blutig ['blu:tɪç] . . . . . غير ناضج جيدا
halb durch [halp dʊʁç] . . . . . وسط
durch [dʊʁç] . . . . . مطهو جيدا

Dessert - حلويات

Dessert [dɛ'se:ɐ̯] . . . . . حلويات
Bananensplitter [ba'na:nənʃplɪtɐ] . . . . . قطع الموز
Vanille [va'nɪlə] . . . . . فانيلا
Obstteller ['o:pstˌtɛlɐ] . . . . . طبق فاكهة
Kekse ['ke:ksə] . . . . . بسكويت
Kuchen ['ku:χn̩] . . . . . كعكة
Obst mit Teig überbacken [o:pst mɪt taɪ̯k y:bɐ'bakn̩] . . . . . فطيرة
Obstkuchen ['o:pstˌku:χn̩] . . . . . كعكة فواكه
süßes Blätterteiggebäck ['zy:səs 'blɛtɐˌtaɪ̯kgəˌbɛk] . . . . . حلويات فرنسية
Croissant [kʀo̯a'sã:] . . . . . كرواسون
Pfannkuchen ['pfanˌku:χn̩] . . . . . فطيرة حليب وبيض
Obsttörtchen ['o:pstˌtœʁtçən] . . . . . ترتة
Apfelkuchen ['ʔapfl̩ˌku:χn̩] . . . . . فطيرة التفاح
Käsekuchen ['kɛ:zəˌku:χn̩] . . . . . كعكة الجبن
Lebkuchen ['le:pˌku:χn̩] . . . . . خبز الزنجبيل
Preiselbeersoße ['pʀaɪ̯zl̩be:ɐ̯ˌzo:sə] . . . . . مرقة التوت البري
Ahornsirup ['a:hɔʁnˌzi:ʀʊp] . . . . . شراب القيقب
Marmelade [ˌmaʁmə'la:də] . . . . . مربة
Pudding ['pʊdɪŋ] . . . . . بودنغ

Getränke - مشروبات

alkoholfrei ['alkoho:lfʀaɪ̯] . . . . خالٍ من الكحول
Cocktail ['kɔktɛɪ̯l] . . . . كوكتيل
gerührt [gəˈʀy:ɐ̯t] . . . . مخفوق
gemixt [gəˈmɪkst] . . . . مخلوط بالهز
Aperitif [apeʀi'ti:f] . . . . فاتح للشهية
Longdrink ['lɔŋdrɪŋk] . . . . شراب ممتد
Schuss [ʃʊs] . . . . جرعة خمر
Weißwein ['vaɪ̯sˌvaɪ̯n] . . . . خمر أبيض
Schaumwein ['ʃaʊ̯mˌvaɪ̯n] . . . . خمر فوار
Süßwein ['zy:sˌvaɪ̯n] . . . . خمر حلو
trockener Wein ['tʀɔkənɐ vaɪ̯n] . . . . خمر جاف
Rotwein ['ʀo:tˌvaɪ̯n] . . . . خمر أحمر
Roséwein [ʀo'ze:vaɪ̯n] . . . . خمر وردي
Fassbier ['fasˌbi:ɐ̯] . . . . بيرة من برميل
löslicher Kaffee ['lø:zlɪçɐ 'kafe] . . . . قهوة فورية
schwarzer Kaffee ['ʃvaʁtsɐ 'kafe] . . . . قهوة سادة
Cappuccino [ˌkapʊ'tʃi:no] . . . . كابتشينو
entkoffeinierter Kaffee [ɛnt'kɔfeˌi:ni:ɐ̯tɐ 'kafe] . . . . قهوة منزوعة الكافيين
heiße Schokolade ['haɪ̯sə ʃoko'la:də] . . . . شكولاته ساخنة
mit Zimt [mɪt ʦɪmt] . . . . مع قرفة
mit Sahne [mɪt 'za:nə] . . . . مع كريمة
mit Eis [mɪt aɪ̯s] . . . . مع ثلج
mit Zitrone [mɪt ʦi'tʀo:nə] . . . . مع ليمون
mit Zucker [mɪt 'ʦʊkɐ] . . . . مع سكر

Service - خدمة الغرف

هذا كاف، شكرا.
Das ist genug, danke.
[das ɪst ɡəˈnuːk ˈdaŋkə]

المزيد من فضلكَ.
Ein bisschen mehr, bitte.
[aɪ̯n ˈbɪsçən meːɐ̯ ˈbɪtə]

هل أستطيع أخذها على الفور؟
Kann ich es sofort haben?
[kan ɪç ɛs zoˈfɔʁt ˈhaːbən]

كان لذيذا.
Es war lecker.
[ɛs vaːɐ̯ ˈlɛkɐ]

هل من الممكن لي التدخين؟
Darf ich rauchen?
[daʁf ɪç ˈʁaʊ̯xn̩]

هذا ليس طلبي.
Das ist nicht meine Bestellung.
[das ɪst nɪçt ˈmaɪ̯nə ˌbəˈʃtɛlʊŋ]

هذا ليس مطهوا طهيا جيدا.
Das ist nicht genügend gekocht.
[das ɪst nɪçt gəˈnyːgn̩t gəˈkɔχt]

إنه بارد.
Es ist kalt.
[ɛs ɪst kalt]

إنه ساخن.
Es ist heiß.
[ɛs ɪst haɪ̯s]

إنه قاس.
Es ist zäh.
[ɛs ɪst t͡sɛː]

إنه مطهو أكثر من اللازم.
Es ist verkocht.
[ɛs ɪst ˌfɛɐ̯ˈkɔχt]

Service - خدمة الغرف

إنه ليس نظيفا تماما.
Das ist nicht sauber genug.
[das ɪst nɪçt 'zaʊ̯bɐ gə'nu:k]

لم يأت طلبي بعد.
Meine Bestellung ist noch nicht da.
['maɪ̯nə ˌbə'ʃtɛlʊŋ ɪst nɔχ nɪçt da:]

كلمات مفيدة

Brot [bʀo:t]	خبز
Butter ['bʊtɐ]	زبدة
Margarine [maʁga'ʀi:nə]	سمن
Salz [zalʦ]	ملح
Zucker ['ʦʊkɐ]	سكر
Pfeffer ['pfɛfɐ]	فلفل
Serviette [zɛʁ'vi̯ɛtə]	منديل
Besteck [bə'ʃtɛk]	فضيات
Messer ['mɛsɐ]	سكين
Gabel ['ga:bl̩]	شوكة
Löffel ['lœfl̩]	ملعقة
Honig ['ho:nɪç]	عسل
Mayonnaise [ˌmajɔ'nɛ:zə]	مايونيز
Ketchup ['kɛʧap]	كاتشب
ein bisschen [aɪ̯n 'bɪsçən]	قليل
mehr [me:ɐ̯]	أكثر
noch ein [nɔχ aɪ̯n]	آخر
klein [klaɪ̯n]	صغير
mittel ['mɪtl̩]	وسط
groß [gʀo:s]	كبير
Speisekarte ['ʃpaɪ̯zəˌkaʁtə]	قائمة الطعام
Nicht nachschenken [nɪçt 'na:χʃɛŋkn̩]	لا تملأ الكؤوس

Bezahlung - الدفع

لم أطلب هذا.
Ich habe das nicht bestellt.
[ɪç 'haːbə das nɪçt bə'ʃtɛlt]

أنا سأدفع الحساب.
Die Rechnung geht auf mich.
[diː 'ʀɛçnʊŋ geːt aʊ̯f mɪç]

كم المبلغ الكلي؟
Was macht es insgesamt?
[vas maχt ɛs 'ɪnsgəˌzamt]

سندفع كل بمفرده.
Wir zahlen getrennt.
[viːɐ̯ 'tsaːlən gə'tʀɛnt]

الفاتورة من فضلكَ.
Die Rechnung, bitte.
[diː 'ʀɛçnʊŋ 'bɪtə]

أريد أن أدفع.
Ich möchte zahlen.
[ɪç 'mœçtə 'tsaːlən]

أضفه على حسابي من فضلكَ.
Bitte setzen Sie das mit auf meine Rechnung.
['bɪtə 'zɛtsn̩ ziː das mɪt aʊ̯f 'maɪ̯nə 'ʀɛçnʊŋ]

أظن أن هناك خطأ في جمع الفاتورة.
Ich glaube, der Gesamtbetrag stimmt nicht ganz.
[ɪç 'glaʊ̯bə deːɐ̯ gə'zamtbəˌtʀaːk ʃtɪmt nɪçt gants]

Bezahlung - الدفع

احتفظ بالباقي من فضلكَ.
Stimmt so, danke.
[ʃtɪmt zoː ˈdaŋkə]

سوف أدفع الحساب.
Ich werde die Rechnung bezahlen.
[ɪç ˈveːɐ̯də diː ˈʀɛçnʊŋ ˌbəˈʦaːlən]

دعني أدفع نصيبي.
Lassen Sie mich meinen Anteil bezahlen.
[ˈlasn̩ ziː mɪç ˈmaɪ̯nən ˈantaɪ̯l ˌbəˈʦaːlən]

An der Bar - في البار

هل لي أن أدعوكَ؟
Darf ich Sie einladen?
[daʁf ɪç ziː ˈaɪ̯nˌlaːdən]

فلنشرب نخبا لكَ!
Jetzt wollen wir auf Sie trinken!
[jɛʦt ˈvɔlən viːɐ̯ aʊ̯f ziː ˈtʀɪŋkn̩]

في صحتكَ!
Prost!
[pʀoːst]

طعام/مشروبات
Speisen und Getränke

تفاح
Äpfel
['ɛpfəl]

فواكه
Früchte
['fʀʏçtə]

موز
Bananen
[ˌba'na:nən]

كريبفروت
Grapefruit
['gʀe:pfʀu:t]

عنب
Weintrauben
['vai̯nˌtʀau̯bn̩]

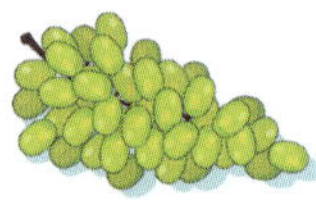

برتقال
Orangen
[o'ʀã:ʒn̩]

ليمون أخضر
Limone
[ˌli'mo:nə]

ليمون
Zitronen
[ˌʦi'tʀo:nən]

كيوي
Kiwi
['ki:vi]

مانجو
Mangos
['maŋgos]

Obst/Gemüse - فواكه/خضراوات

خوخ
Pfirsiche
['pfɪʁzɪçə]

كمثرى
Birnen
['bɪʁnən]

شمام
Melonen
[ˌmə'lo:nən]

يوسفي
Mandarinen
[ˌmanda·'ʀi:nən]

مشمش
Aprikosen
[ˌapʀri'ko:zn̩]

كرز
Kirschen
['kɪʁʃn̩]

توت
Blaubeeren
['blaʊ̯ˌbe:ʀən]

توت أرض شوكي
Himbeeren
['hɪmˌbe:ʀən]

توت بري
Preiselbeeren
['pʀaɪ̯zl̩ˌbe:ʀən]

برقوق
Pflaumen
['pflaʊ̯mən]

بطيخ
Wassermelonen
['vasɐmeˌlo:nən]

Obst/Gemüse - فواكه/خضراوات

فراولة
Erdbeeren
['e:ɐ̯tˌbe:ʀən]

راوند
Rhabarber
[ʀa'baʁbɐ]

زبيب
Rosinen
[ˌʀo'zi:nən]

تين
Feigen
['faɪ̯gn̩]

خضراوات
Gemüse
[gə'my:zə]

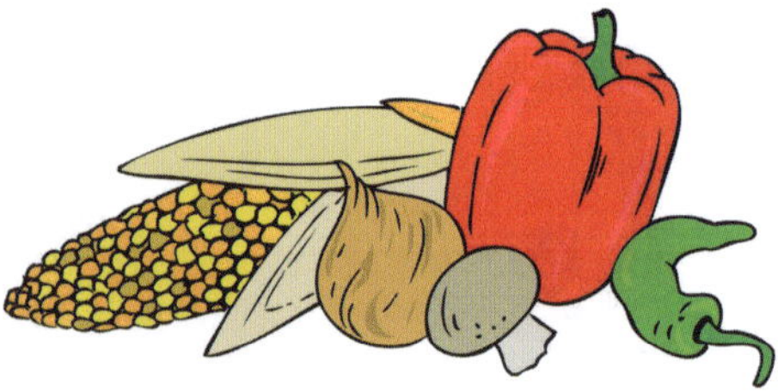

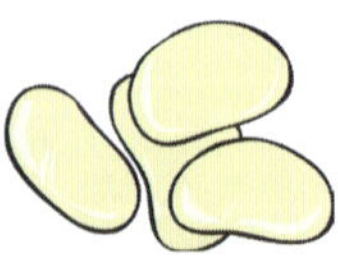

فاصوليا
Bohnen
['bo:nən]

فاصوليا حمراء
rote Bohnen
['ʀo:tə 'bo:nən]

فاصوليا خضراء
grüne Bohnen
['gʀy:nə 'bo:nən]

بازلاء
Erbsen
['ɛʁpsn̩]

كوسة
Zucchini
[t͡sʊ'ki:ni]

Obst/Gemüse - فواكه/خضراوات

كرنب
Kohl
[koːl]

باذنجان
Aubergine
[ˌobɛʁˈʒiːnə]

جزر
Möhren
[ˈmøːʀən]

أفوكادو
Avocado
[ˌavoˈkaːdo]

قرنبيط
Blumenkohl
[ˈbluːmənˌkoːl]

فجل
Radieschen
[ʀaˈdiːsçən]

بطاطس
Kartoffel
[kaʁˈtɔfl̩]

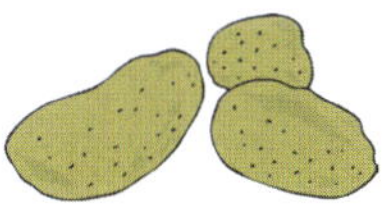

طماطم
Tomaten
[ˌtoˈmaːtn̩]

قرع عسلي
Kürbis
[ˈkʏʁbɪs]

خيار
Gurken
[ˈgʊʁkŋ̍]

قرع
(große) Zucchini
[ˈgʀoːsə t͡sʊˈkiːni]

ذرة
Mais
[maɪ̯s]

نبات الكبر
Kapern
['ka:pɐn]

مخللات
eingelegtes Gemüse
['aɪ̯ngəˌle:ktəs ˌgə'my:zə]

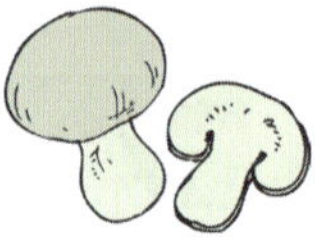

عش الغراب
Pilze
['pɪlʦə]

سبانخ
Spinat
[ʃpi'na:t]

زيتون
Oliven
[o'li:vn̩]

خرشوف
Artischocken
[ˌaʁti'ʃɔkən]

كرنب
Grünkohl
['gʀy:nˌko:l]

بروكلي
Brokkoli
['bʀɔkoli]

بصل
Zwiebeln
['ʦvi:bəln]

خس
Kopfsalat
['kɔpfzaˌla:t]

اسبراجس
Spargel
['ʃpaʁgl]

كرنب بروكسيل
Rosenkohl
['ʀo:zn̩ko:l]

كرفس
Stangensellerie
['ʃtaŋənˌzɛləʀi]

Meeresfrüchte - مأكولات بحرية

أذن البحر
Seeohr
['zeːˌʔoːɐ̯]

الرخويات
Venusmuscheln
['veːnʊsˌmʊʃln]

كركند
Hummer
['hʊmɐ]

كابوريا
Krabbe
['kʀabə]

جراد البحر
Flusskrebs
['flʊskʀeːps]

أخطبوط
Tintenfisch
['tɪntn̩ˌfɪʃ]

محار
Auster
['aʊ̯stɐ]

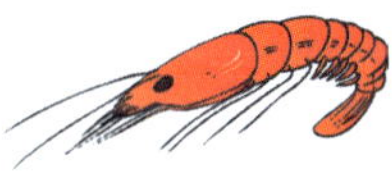

جمبري/قريدس
Schrimps/Garnelen
[ʃʀɪmps/ˌgaʁ'neːlən]

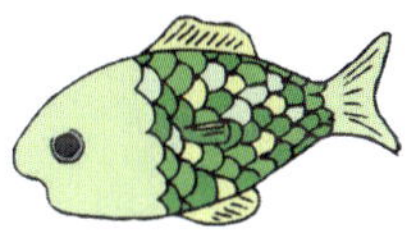

سمك
Fisch
[fɪʃ]

كافيار
Kaviar
['kaːvi̯aʀ]

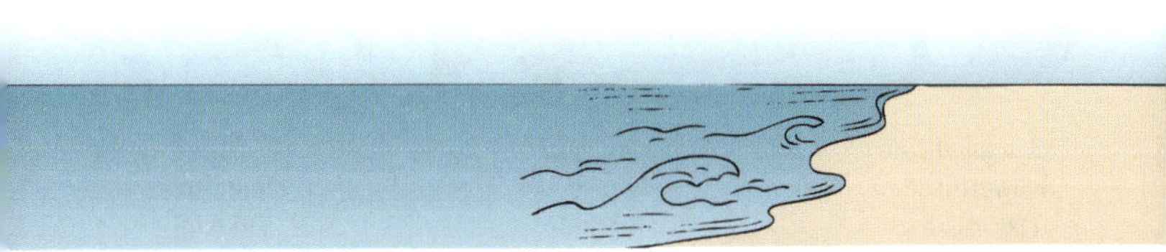

Meeresfrüchte - مأكولات بحرية

سمك القد
Kabeljau
[ˈka:bl̩ˌjaʊ̯]

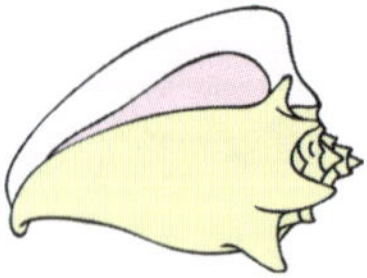

محارة
Trompetenschnecke
[tʀɔmˈpe:tn̩ˌʃnɛkə]

سمك رنجة
Hering
[ˈhe:ʀɪŋ]

ماكريل
Makrele
[ˌmaˈkʀe:lə]

سمك الفرخ
Flussbarsch
[ˈflʊsˌbaʁʃ]

سمك الكراكي
Hecht
[hɛçt]

سمك أحمر
Schnappfisch
[ˈʃnapˌfɪʃ]

سلمون
Lachs
[laks]

قشقوش
Stinte
[ʃˈtɪntə]

سمك أبو سيف
Schwertfisch
[ˈʃve:ɐ̯tˌfɪʃ]

سلمون مرقط
Forelle
[ˌfoˈʀɛlə]

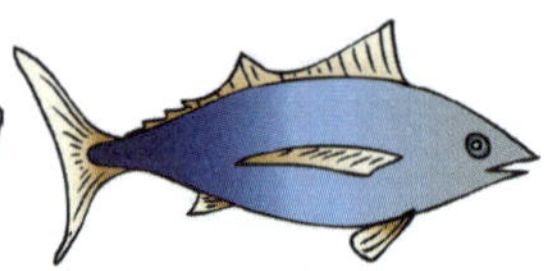

تونة
Thunfisch
[ˈtu:nˌfɪʃ]

Gewürze - توابل

ينسون
Anis
[a'ni:s]

ريحان
Basilikum
[ba'zi:likʊm]

كمون
Kümmel/Kreuzkümmel
['kʏml̩/'kʀɔɪ̯ts,kʏml̩]

نبات الهال
Kardamom
[,kaʁda'mo:m]

فلفل حريف
Cayennepfeffer
[ka'jɛn,pfɛfɐ]

بابونج
Kamille
[ka'mɪlə]

الفلفل الحار
Chili
['tʃi:li]

قرنفل
Gewürznelken
[gə'vʏʁts,nɛlkn̩]

قرفة
Zimt
[tsɪmt]

كزبرة
Koriander
[ko'ʀ̯iandɐ]

Gewürze - توابل

توابل
Gewürze
[ˌgəˈvʏʁtsə]

كاري
Curry
[ˈkœʀi]

شبت
Dill
[dɪl]

شمر
Fenchel
[ˈfɛnçəl]

ثوم
Knoblauch
[ˈkno:pˌlau̯χ]

زنجبيل
Ingwer
[ˈɪŋvɐ]

الجنكة الصينية
Ginkgo
[ˈgɪŋko]

فجل حار
Meerrettich
[ˈme:ɐ̯ˌʀɛtɪç]

عشب البحر
Seetang
[ˈze:ˌtaŋ]

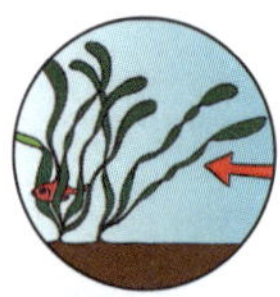

مردقوش
Majoran
[ˈma:joˌʀan]

أوريجانو
Oregano
[oˈʀe:gano]

Gewürze - توابل

جوزة الطيب
Muskatnuss
[mʊsˈkaːtˌnʊs]

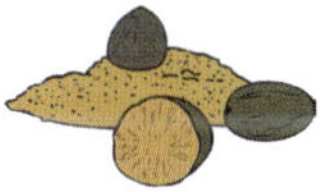

فلفل احمر
Paprika
[ˈpapʁika]

بقدونس
Petersilie
[ˌpetɐˈziːli̯ə]

فلفل
Pfeffer
[ˈpfɛfɐ]

نعناع
Pfefferminze
[ˈpfɛfɐˌmɪnt͡sə]

بذور الخشخاش
Mohnsamen
[ˈmoːnˌzaːmən]

زعفران
Safran
[ˈzafʀan]

المريمية
Salbei
[ˈzalbaɪ̯]

سمسم
Sesam
[ˈzeːzam]

النعناع السنبلي
Grüne Minze
[ˈɡʀyːnə ˈmɪnt͡sə]

زعتر
Thymian
[ˈtyːmi̯aːn]

زعفران هندي
Kurkuma
[ˈkʊʁˌkuːma]

Fleisch - لحم

لحم
Fleisch
[flaɪ̯ʃ]

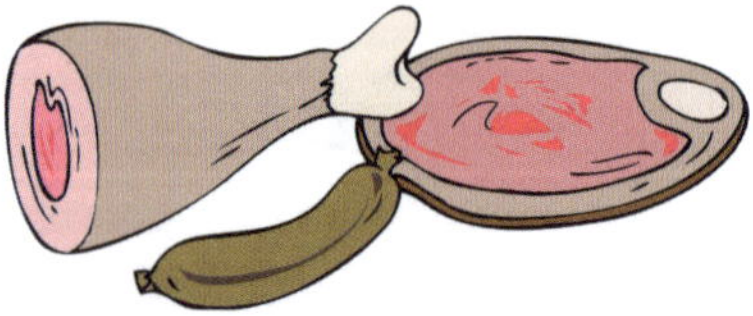

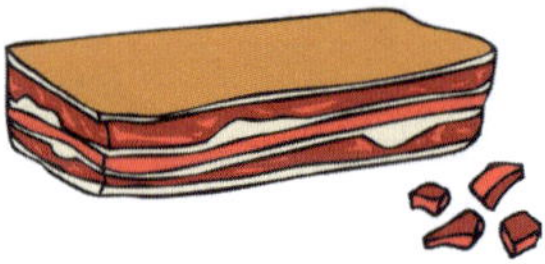

لحم خنزير مقدد
Speck
[ʃpɛk]

لحم البقرة
Rindfleisch
[ˈʀɪntˌflaɪ̯ʃ]

دجاج
Huhn
[huːn]

بط
Ente
[ˈɛntə]

لحم خروف
Lamm
[lam]

دواجن
Geflügel
[ɡəˈflyːɡl]

لحم أرنب
Kaninchen
[kaˈniːnçən]

Fleisch - لحم

لحم ديك رومي
Truthahn
['tʀuːtˌhaːn]

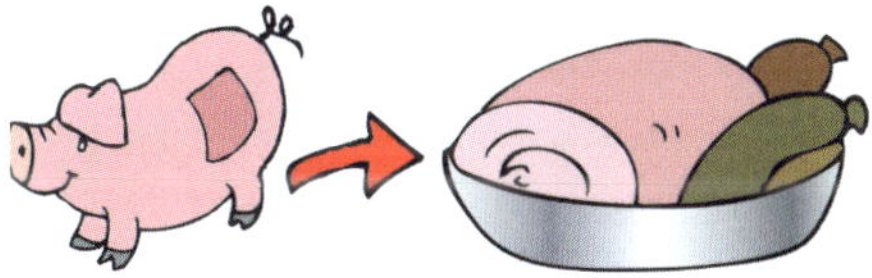

لحم خنزير
Schweinefleisch
['ʃvaɪ̯nəˌflaɪ̯ʃ]

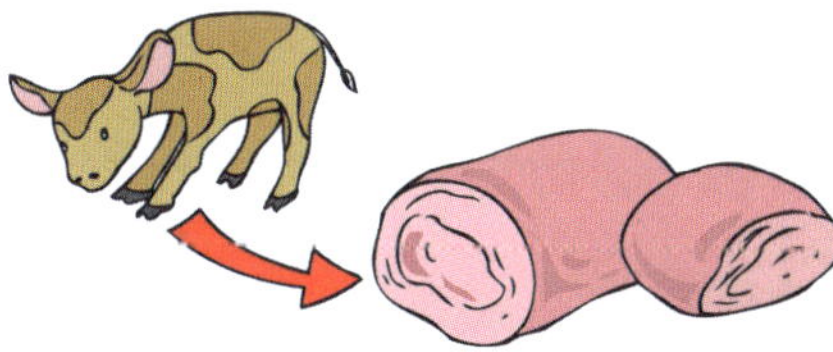

لحم عجل
Kalbfleisch
['kalpˌflaɪ̯ʃ]

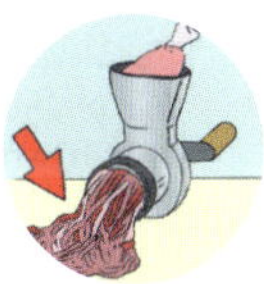

لحم مفروم
Hackfleisch
['hakˌflaɪ̯ʃ]

لحم الغزال
Rehfleisch
['ʀeːˌflaɪ̯ʃ]

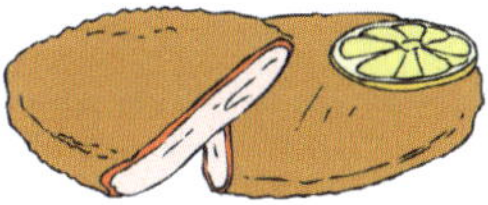

شريحة لحم
Steak
[steːk]

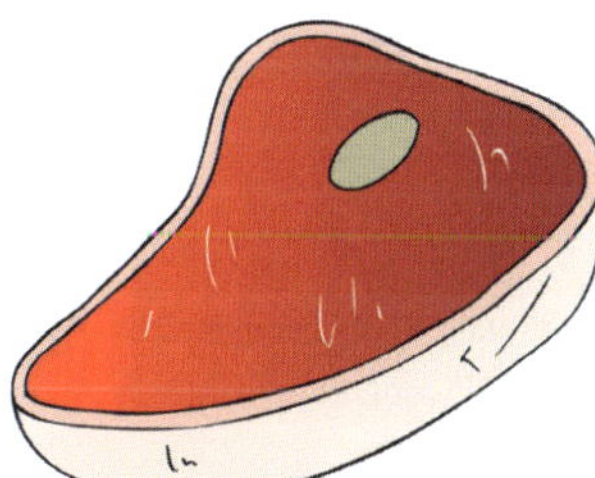

قطعة لحم البقرة
Schnitzel
['ʃnɪt͡sl̩]

خبز
Brot
[bʀoːt]

خبز الردة
Roggenbrot
[ˈʀɔɡn̩ˌbʀoːt]

خبز الأرز
Pumpernickel
[ˈpʊmpɐˌnɪkl̩]

خبز الشوفان
Haferbrot
[ˈhaːfɐˌbʀoːt]

خبز أبيض
Weißbrot
[ˈvai̯sˌbʀoːt]

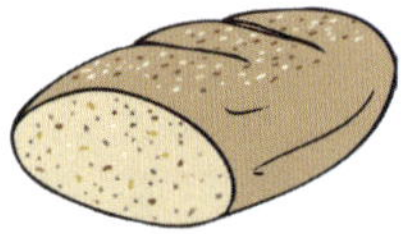

خبز أسمر
Vollkornbrot
[ˈfɔlkɔʁnˌbʀoːt]

قالب خبز
Brötchen/Semmel
[ˈbʀøːtçən/ˈzɛml̩]

خبز محلى
süße Semmel
[ˈzyːsə ˈzɛml̩]

سجق
Wurst
[vʊʁst]

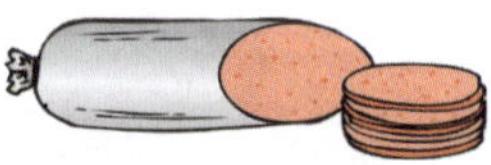

لحم خنزير
Schinken
[ˈʃɪŋkn̩]

Lebensmittelgeschäft - بقالة

جبن
Käse
['kɛ:zə]

جبن أبيض طري
Brie
[bʀi:]

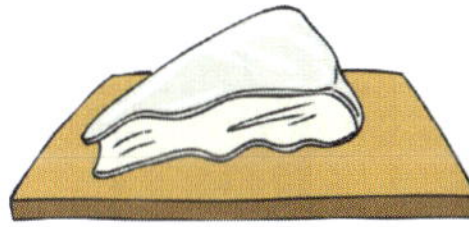

جبن بالقشدة
Frischkäse
['fʀɪʃˌkɛ:zə]

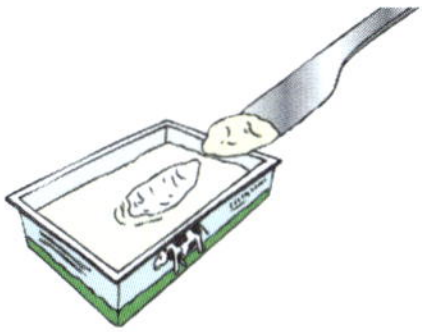

حليب
Milch
[mɪlç]

زبادي
Joghurt
['jo:gʊrt]

بيض
Eier
['aɪ̯əʁ]

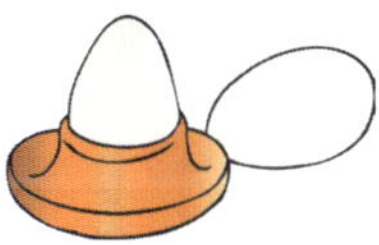

جبن أزرق
Blauschimmelkäse
['blaʊ̯ʃɪml̩ˌkɛ:zə]

خردل
Senf
[zɛnf]

مايونيز
Mayonnaise
[ˌmajɔ'nɛ:zə]

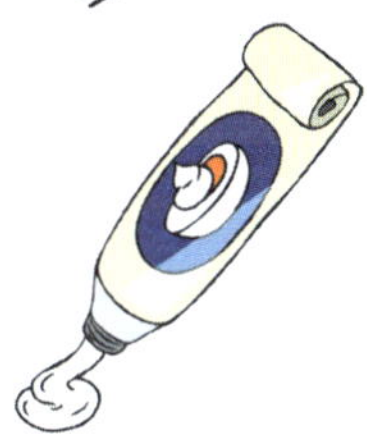

مرق التوابل
Dressing
['dʀɛsɪŋ]

كاتشب
Ketchup
['kɛʧap]

زيت زيتون
Olivenöl
[oˈliːvn̩ˌʔøːl]

صلصة الفلفل الحار (تاباسكو)
Tabasco®
[taˈbasko]

صلصة الصويا
Sojasoße
[ˈzoːjaˌzoːsə]

خل
Essig
[ˈɛsɪç]

جوز
Nüsse
[ˈnʏsə]

جوز أمريكي
Pecannüsse
[ˈpɛːkaˌnʏsə]

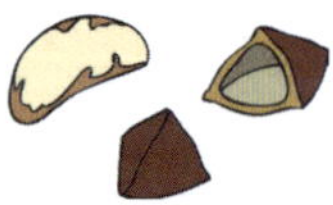

جوز برازيلي
Paranuss
[ˈpaːʀaˌnʊs]

جوز هندي
Kokosnuss
[ˈkoːkɔsˌnʊs]

كستناء
Kastanien
[ˌkasˈtaːni̯ən]

Lebensmittelgeschäft - بقالة

فستق
Pistazien
[ˌpɪsˈta:tsi̯ən]

الفول السوداني
Erdnüsse
[ˈe:ɐ̯tnʏsə]

لوز
Mandeln
[ˈmandl̩n]

جوز عين الجمل
Walnüsse
[ˈvalˌnʏsə]

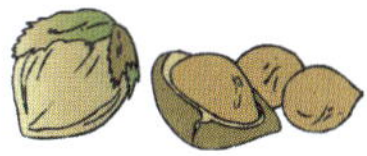

بندق/أشجار البندق
Haselnuss
[ˈha:zl̩ˌnʊs]

حبوب
Getreide
[gəˈtʀaɪ̯də]

كريمة
Sahne
[ˈza:nə]

كاسترد
Vanillesoße
[vaˈnɪləˌzo:sə]

حلويات
Bonbon
[bõˈbõ: oder ˈbɔŋbɔŋ]

شوكولاتة
Schokolade
[ʃokoˈla:də]

أيس كريم
Eis
[aɪ̯s]

Alkoholfreie Getränke - مشروبات غير روحية

مشروبات
Getränke
[gəˈtʀɛŋkə]

شاي
Tee
[teː]

شاي أخضر
grüner Tee
[ˈgʀyːnɐ teː]

شاي بنكهة الياسمين
Jasmintee
[jasˈmiːnˌteː]

شاي أعشاب
Kräutertee
[ˈkʀɔɪ̯tɐˌteː]

شاي مثلج
Eistee
[ˈaɪ̯sˌteː]

عصير
Saft
[zaft]

عصير برتقال
Orangensaft
[oˈʀãːʒn̩ˌzaft]

علبة عصير
Saftschachtel
[ˈzaftʃaχtl̩]

شراب من عصير فواكه بالثلج
frisch gepresster Saft
[fʀɪʃ gəˈpʀɛstɐ zaft]

Alkoholfreie Getränke - مشروبات غير روحية

ليمونادة
Limonade
[ˌlimoˈnaːdə]

مخفوق الحليب
Milchshake
[ˈmɪlçʃeːk]

حليب منزوع الدسم
Magermilch
[ˈmaːɡɐˌmɪlç]

ماء معدني
Mineralwasser
[mineˈʀaːlˌvasɐ]

ماء الصودا
Soda(wasser)
[ˈzoːda]

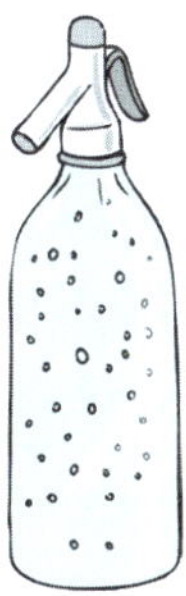

ماء تونيك
Tonic
[ˈtɔnɪk]

قهوة
Kaffee
[ˈkafe]

كاكاو
Kakao
[kaˈkaʊ̯]

Alkohol - خمور

خمور
Alkohol
['alkoˌhoːl]

خمر
Wein
[vaɪ̯n]

شامبانيا
Champagner
[ˌʃam'panjɐ]

برتر
Porter
['pɔrtər]

بيرة القمح
Weizenbier
['vaɪ̯tsn̩ˌbiːɐ̯]

بيرة
Bier
[biːɐ̯]

بيرة محلية
einheimisches Bier
['aɪ̯nˌhaɪ̯mɪʃəs biːɐ̯]

خمر فيرمونت
Wermut
['veːɐ̯muːt]

خمر فيرمونت جاف
trockener Wermut
['tʀɔkənɐ 'veːɐ̯muːt]

ليكور
Likör
[li'køːɐ̯]

Einkaufen

التسوق

Information - استعلامات

أين تقع منطقة التسوق؟
Wo ist das Einkaufsviertel?
[vo: ɪst das 'aɪ̯nkaʊ̯fsˌfɪʁtl̩]

أين يقع أقرب متجر أنتيكات؟
Wo ist das nächste Antiquitätengeschäft?
[vo: ɪst das 'nɛ:çstə antikvi'tɛ:tn̩gəʃɛft]

أين يقع أقرب محل هدايا؟
Wo ist die nächste Geschenkeboutique?
[vo: ɪst di: 'nɛ:çstə gə'ʃɛŋkəbuˌti:k]

أين يقع أقرب متجر خمور؟
Wo ist das nächste Spirituosengeschäft?
[vo: ɪst das 'nɛ:çstə ʃpiʀi'tu̯o:zn̩gəʃɛft]

أين يقع أقرب متجر موسيقى؟
Wo ist der nächste Musikladen?
[vo: ɪst de:ɐ̯ 'nɛ:çstə mu'zi:kˌla:dn̩]

Information - استعلامات

أين يقع أقرب محل ملابس؟
Wo ist das nächste Bekleidungsgeschäft?
[vo: ɪst das 'nɛ:çstə bə'klai̯dʊŋsgəʃɛft]

أين يقع أقرب متجر أحذية؟
Wo ist das nächste Schuhgeschäft?
[vo: ɪst das 'nɛ:çstə 'ʃu:gəʃɛft]

أين يقع أقرب محل بيع كتب؟
Wo ist der nächste Buchladen?
[vo: ɪst de:ɐ̯ 'nɛ:çstə 'bu:χˌla:dn̩]

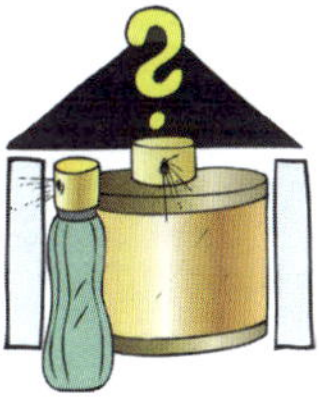

أين تقع أقرب صيدلية؟
Wo ist die nächste Drogerie?
[vo: ɪst di: 'nɛ:çstə dʀogə'ʀi:]

أين تقع أقرب سوق؟
Wo ist der nächste Markt?
[vo: ɪst de:ɐ̯ 'nɛ:çstə maʁkt]

Information - استعلامات

متى تفتحون؟
Wann öffnen Sie?
[van 'œfnən zi:]

في أي طابق يوجد قسم الطعام؟
In welchem Stock ist die Lebensmittelabteilung?
[ɪn 'vɛlχəm ʃtɔk ɪst di: 'le:bn̩sˌmɪtl̩ʔapˌtaɪ̯lʊŋ]

متى تغلقون؟
Wann schließen Sie?
[van 'ʃli:sn̩ zi:]

إلى أي ساعة تفتحون في عطلات نهاية الأسبوع؟
Wie lange haben Sie an Wochenenden geöffnet?
[vi: 'laŋə 'ha:bən zi: an 'vɔχn̩ˌʔɛndn̩ ˌgə'ʔœfnət]

ما الأشياء المميزة للبلدة؟
Welche typischen Erzeugnisse kann man in dieser Stadt kaufen?
['vɛlçə 'typɪʃn̩ ɛɐ̯'tsɔɪ̯knɪsə kan man ɪn 'di:zɐ ʃtat 'kaʊ̯fn̩]

كلمات مفيدة

Antiquitätenladen [antikvi'tɛ:tn̩ˌla:dn̩] . . . . متجر الأنتيكات
Buchladen ['bu:χˌla:dn̩] . . . . محل بيع الكتب
Drogerie [dʀogə'ʀi:]. . . . . صيدلية
Zeitungskiosk ['tsaɪ̯tʊŋsˌki:ɔsk] . . . . كشك الجرائد
Bekleidungsgeschäft [bə'klaɪ̯dʊŋsgəˌʃɛft] . . . . محل الملابس
Kaufhaus ['kaʊ̯fˌhaʊ̯s] . . . . محل متعدد الأقسام
Schuhgeschäft ['ʃu:gəˌʃɛft]. . . . . متجر أحذية

Information - استعلامات

Sportwarengeschäft ['ʃpɔʁt͜va:ʀəngəʃɛft]	محل أدوات رياضية
Spielwarenladen ['ʃpi:l͜va:ʀən͜la:dn̩]	محل لعب
Reformhaus [ʀe'fɔʁm͜haʊ̯s]	محل غذاء صحي
Schmuckgeschäft ['ʃmʊkgəʃɛft]	محل مجوهرات
Markt [maʁkt]	سوق
Minimarkt ['mɪni͜maʁkt]	سوق صغيرة
Supermarkt ['zu:pɐ͜maʁkt]	سوبر ماركت
Großmarkt ['gʀo:s͜maʁkt]	سوق ضخمة
Einkaufszentrum ['aɪ̯nkaʊ̯fs͜tsɛntʀʊm]	مول/مركز تسوق
Damenbekleidung ['da:mənbə͜klaɪ̯dʊŋ]	ملابس سيدات
Herrenbekleidung ['hɛʀənbə͜klaɪ̯dʊŋ]	ملابس رجال
Kinderbekleidung ['kɪndɐbə͜klaɪ̯dʊŋ]	ملابس أطفال
Damenunterwäsche ['da:mən͜ʊntɐ͜vɛʃə]	ملابس داخلية للنساء
Trikotage/Strumpfwaren [tʀiko'ta:ʒə / 'ʃtʀʊmpf͜va:ʀən]	جوارب وملابس داخلية.
Strickwaren ['ʃtʀɪk͜va:ʀən]	تريكو
Schlafanzüge/Nachthemden ['ʃla:fʔan͜tsy:gə / 'naχt͜hɛmdn̩]	ملابس نوم
Geschäftszeiten/Öffnungszeiten [gə'ʃɛfts͜tsaɪ̯tn̩ / 'œfnʊŋs͜tsaɪ̯tən]	ساعات العمل/الفتح
geschlossen [gə'ʃlɔsən]	مغلق
Ganztags geöffnet ['gants͜ta:ks gə'ʔœfnət]	مفتوح طوال اليوم.
über Mittag geschlossen ['y:bɐ 'mɪta:k gə'ʃlɔsən]	مغلق للغداء
Schlussausverkauf [ʃlʊs'aʊ̯sfɛɐ̯͜kaʊ̯f]	تخفيضات الغلق.
Totalausverkauf [to'ta:lʔaʊ̯sfɛɐ̯͜kaʊ̯f]	تخفيضات التصفية.
Kundendienst ['kʊndn̩di:nst]	خدمة الزبائن
Kasse ['kasə]	خزينة دفع النقود
Hier bezahlen [hi:ɐ̯ bə'tsa:lən]	ادفع هنا
Geschenk [gə'ʃɛŋk]	هدية
Ausverkauf ['aʊ̯sfɛɐ̯͜kaʊ̯f]	تخفيض

أريد.
Ich möchte ...
[ɪç ˈmœçtə]

أود.
Ich hätte gerne ...
[ɪç ˈhɛtə ˈgɛʁnə]

من فضلك أرني.
Bitte zeigen Sie mir ...
[ˈbɪtə ˈtsaɪ̯gn̩ ziː miːɐ̯]

أبحث عن.
Ich suche nach ...
[ɪç ˈzuːχə naːχ]

هل لديكم واحد مثل هذا؟
Haben Sie etwas von dieser Art?
[ˈhaːbən ziː ˈɛtvas fɔn ˈdiːzɐ aːɐ̯t]

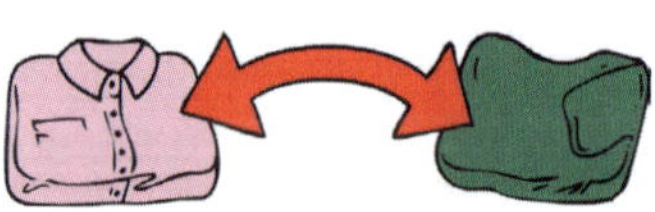

من فضلك أرني واحدا آخر.
Bitte zeigen Sie mir ein anderes.
[ˈbɪtə ˈtsaɪ̯gn̩ ziː miːɐ̯ aɪ̯n ˈandərəs]

هل تستطيع التأكد من مقاسي؟
Können Sie meine Größe herausfinden?
['kœnən zi: 'maɪ̯nə 'gʀø:sə hɛ'ʀaʊ̯s͵fɪndn̩]

من فضلكَ احجز هذا لي.
Bitte legen Sie das für mich zurück.
['bɪtə 'le:gn̩ zi: das fy:ɐ̯ mɪç ʦu'ʀʏk]

هل أستطيع الحصول على صندوق هدايا؟
Könnte ich einen Geschenkkarton haben, bitte?
['kœntə ɪç 'aɪ̯nən gə'ʃɛŋkkaʁ͵tõ: 'ha:bən 'bɪtə]

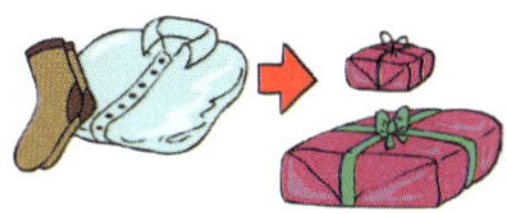

لفها كل بمفردها من فضلكَ.
Wickeln Sie sie bitte einzeln ein.
['vɪkl̩n zi: zi: 'bɪtə 'aɪ̯nʦl̩n aɪ̯n]

هل من الممكن أن تلف لي هذا كهدية من فضلكَ؟
Können Sie das bitte ins Geschenkpapier einwickeln?
['kœnən zi: das 'bɪtə ɪns gə'ʃɛŋkpa͵pi:ɐ̯ 'aɪ̯n͵vɪkəln]

هل تسمح بإرساله إلى الفندق مع إيصال؟
Schicken Sie das bitte mit einer Quittung zum Hotel.
['ʃɪkn̩ zi: das 'bɪtə mɪt 'aɪ̯nɐ 'kvɪtʊŋ tsʊm ho'tɛl]

هل تسمح بإرساله اليوم؟
Könnten Sie das bitte heute schicken?
['kœntn̩ zi: das 'bɪtə 'hɔɪ̯tə 'ʃɪkn̩]

من أين يمكنني شراؤه؟
Wo kann ich es kaufen?
[vo: kan ɪç ɛs 'kaʊ̯fn̩]

هل أستطيع استلامه؟
Kann ich es mitnehmen?
[kan ɪç ɛs 'mɪt͵ne:mən]

أريد بدلة رسمية.
Ich brauche einen Geschäftsanzug.
[ɪç ˈbʀau̯χə ˈaɪ̯nən ɡəˈʃɛft͡sˌanˌt͡suːk]

أريد بدلة سموكينغ.
Ich brauche einen Abendanzug.
[ɪç ˈbʀau̯χə ˈaɪ̯nən ˈaːbn̩tʔanˌt͡suːk]

أريد تجربته.
Ich möchte es anprobieren.
[ɪç ˈmœçtə ɛs ˈanpʀoˌbiːʀən]

أين غرفة القياس؟
Wo ist die Umkleidekabine?
[voː ɪst diː ˈʊmklaɪ̯dəkaˌbiːnə]

المقاس ليس مضبوطا تماما عليّ.
Es passt mir nicht gut.
[ɛs past miːɐ̯ nɪçt ɡuːt]

Kleidung - ملابس

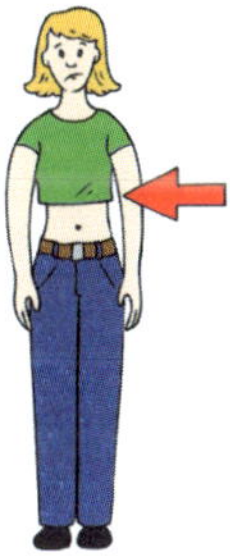

إنه قصير أكثر من اللازم.
Es ist zu kurz.
[ɛs ɪst t͡su: kʊʁt͡s]

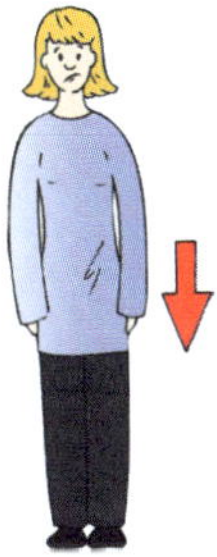

إنه طويل أكثر من اللازم.
Es ist zu lang.
[ɛs ɪst t͡su: laŋ]

إنه واسع أكثر من اللازم.
Es ist zu weit.
[ɛs ɪst t͡su: vai̯t]

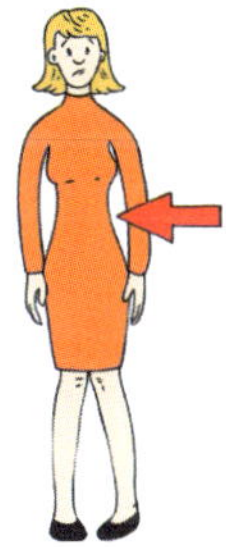

إنه ضيق أكثر من اللازم.
Es ist zu eng.
[ɛs ɪst t͡su: ɛŋ]

كلمات مفيدة

maßgeschneidert ['ma:sgəʃnai̯dɐt]	تفصيل
Bluse ['blu:zə]	بلوزة
Hemd [hɛmt]	قميص
T-Shirt ['ti:ʃø:ɐ̯t]	تي شيرت
Jackett/Jacke [ʒa'kɛt / 'jakə]	سترة
Jeans [dʒi:ns]	جينز
Hose ['ho:zə]	بنطلون
Rock [ʀɔk]	تنورة
Weste ['vɛstə]	صديري
Bikini [bi'ki:ni]	بيكيني
Unterhose ['ʊntɐˌho:zə]	سروال تحتي
Unterwäsche ['ʊntɐˌvɛʃə]	ملابس داخلية
Slip [slɪp]	سروال داخلي
Boxershorts ['bɔksɐʃo:ɐ̯ts]	شورت البوكسري
Socken ['zɔkn̩]	جوارب قصيرة
Badehose ['ba:dəˌho:zə]	سروال سباحة
Badeanzug ['ba:dəˌʔant͡su:k]	ثوب السباحة
BH [be:'ha:]	حمالة صدر

Kleidung - ملابس

Mütze ['mʏtsə] . . . . قبعة
Regenmantel ['ʀe:gn̩ˌmantl̩] . . . . معطف مطري
Mantel ['mantl̩] . . . . معطف
Pullover [pʊ'lo:vɐ] . . . . بلوفر
Stoff [ʃtɔf] . . . . قماش
Baumwolle ['baʊ̯mvɔlə] . . . . قطن
Seide ['zaɪ̯də] . . . . حرير
Acryl [a'kʀy:l] . . . . إكريليك
Polyester [poly'ʔɛstɐ] . . . . بولي أستر
Wolle ['vɔlə] . . . . صوف
Leinen ['laɪ̯nən] . . . . كتان
Polyamid [poly'ʔami:t] . . . . بولي أميد
Nylon ['nailɔn] . . . . نايلون
Lycra® ['lykʁa:] . . . . ليكرا
Elastan [e:la'sta:n] . . . . ألياف لدنة
handgefertigt ['hændgəˌfɛʁtɪçt] . . . . صناعة يدوية
Large (L) [lɑ:dʒ ɛl] . . . . كبير (L)
Small (S) [smɔ:l ʔɛs] . . . . صغير (S)
Medium (M) ['me:di̯ʊm ɛm] . . . . وسط (M)
Extra Large (XL) ['ɛkstʀa larʒ (ɪksɛl)] . . . . كبير جدا (XL)
lange Ärmel ['laŋə 'ɛʁml̩] . . . . كم طويل
kurze Ärmel ['kʊʁtsə 'ɛʁml̩] . . . . كم قصير

Accessoires - إكسسوارات

هل تسمح بأن تريني مجموعة من ربطات العنق الحريرية؟
Könnten Sie mir einige Seidenkrawatten zeigen?
['kœntn̩ zi: mi:ɐ̯ 'aɪ̯nɪgə 'zaɪ̯dn̩kʀaˌvatn̩ 'tsaɪ̯gn̩]

من فضلكَ أرني ربطة عنق بلون واحد.
Bitte zeigen Sie mir eine einfarbige Krawatte.
['bɪtə 'tsaɪ̯gn̩ zi: mi:ɐ̯ 'aɪ̯nə 'aɪ̯nˌfaʁbɪgə kʀa'vatə]

Accessoires - إكسسوارات

أريد رؤية مجموعة من حقائب السفر العملية.
Ich würde mir gerne ein praktisches Gepäckset anschauen.
[ɪç 'vʏʁdə miːɐ̯ 'gɛʁnə aɪ̯n 'pʀaktɪʃəs gə'pɛkˌsɛt 'anʃaʊ̯ən]

أريد نظارة شمسية.
Ich hätte gerne eine Sonnenbrille.
[ɪç 'hɛtə 'gɛʁnə 'aɪ̯nə 'zɔnənˌbʀɪlə]

هذه النظارة ضعيفة لي.
Diese Brille ist mir zu schwach.
['diːzə 'bʀɪlə ɪst miːɐ̯ t͡suː ʃvaχ]

ما المادة المصنوع منها؟
Aus welchem Stoff ist das gemacht?
['aʊ̯s 'vɛlχəm ʃtɔf ɪst das gə'maχt]

كلمات مفيدة

echtes Leder [ɛçtəs 'leːdɐ]	جلد طبيعي.
Kunstleder ['kʊnstˌleːdɐ]	جلد صناعي.
Hartleder ['haʁtˌleːdɐ]	جلد خشن
Gürtel ['gʏʁtl̩]	حزام.
Krawatte [kʀa'vatə]	ربطة عنق
Brille ['bʀɪlə]	نظارة
Handschuhe ['hantˌʃuːə]	قفازات.
Tasche ['taʃə]	حقيبة
Rucksack ['ʀʊkˌzak]	حقيبة ظهر
Handtasche ['hantˌtaʃə]	حقيبة يد.
Schal [ʃaːl]	لفاف.
Regenschirm ['ʀeːgn̩ˌʃɪʁm]	مظلة.
Portemonnaie [pɔʁtmɔ'neː]	محفظة.

Schuhe - أحذية

أود رؤية حذاء رجالي.
Ich würde mir gerne ein Paar Herrenschuhe anschauen.
[ɪç ˈvʏʁdə miːɐ̯ ˈɡɛʁnə aɪ̯n paːɐ̯ ˈhɛʀənʃuːə ˈanʃaʊ̯ən]

أود رؤية حذاء نسائي.
Ich würde mir gerne ein Paar Damenschuhe anschauen.
[ɪç ˈvʏʁdə miːɐ̯ ˈɡɛʁnə aɪ̯n paːɐ̯ ˈdaːmənʃuːə ˈanʃaʊ̯ən]

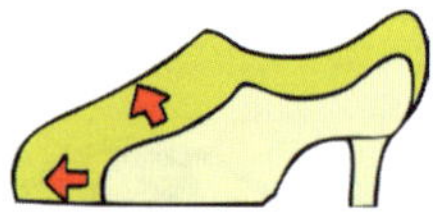

هل لديكم واحد بحجم أكبر؟
Haben Sie welche in einer größeren Nummer?
[ˈhaːbən ziː ˈvɛlçə ɪn ˈaɪ̯nɐ ˈɡʀøːsəʀən ˈnʊmɐ]

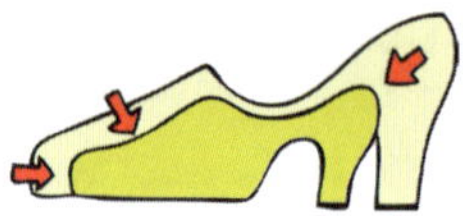

هل لديكم واحد بحجم أصغر؟
Haben Sie welche in einer kleineren Nummer?
[ˈhaːbən ziː ˈvɛlçə ɪn ˈaɪ̯nɐ ˈklaɪ̯nəʀən ˈnʊmɐ]

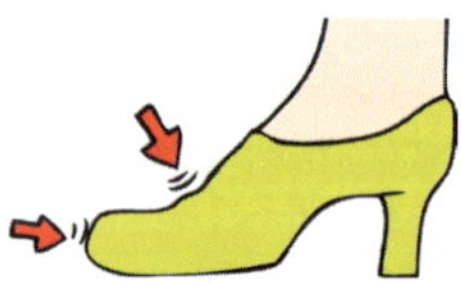

إنه يضغط على قدميّ.
Sie drücken.
[ziː ˈdʀʏkn̩]

كلمات مفيدة

Freizeitschuhe [ˈfʀaɪ̯tsaɪ̯tʃuːə] . . . . أحذية رياضية
Pantoffeln [panˈtɔfl̩n] . . . . شبشب
Sandalen [zandaːlən] . . . . صندل
Absätze [ˈapˌzɛtsə] . . . . كعوب
flach [flaχ] . . . . بدون كعب

أريد شراء محول.
Ich möchte einen Adapter kaufen.
[ɪç 'mœçtə 'aɪ̯nən a'daptɐ 'kaʊ̯fn̩]

أريد شراء بطارية.
Ich möchte eine Batterie kaufen.
[ɪç 'mœçtə 'aɪ̯nə ˌbatə'ʀi: 'kaʊ̯fn̩]

هل عندكَ بطاريات لمصباح يدوي؟
Haben Sie Blitzlicht-Batterien?
['ha:bən zi: 'blɪtslɪçtbatəˌʀi:ən]

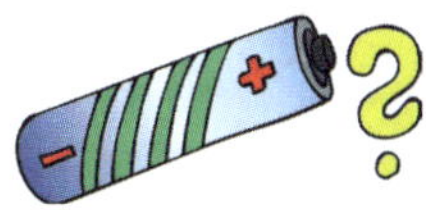

أريد بطارية.
Ich hätte gerne eine Batterie.
[ɪç 'hɛtə 'gɛʁnə 'aɪ̯nə ˌbatə'ʀi:]

هل عندكَ بطاريات لسماعات أذن؟
Haben Sie Hörgeräte-Batterien?
['ha:bən zi: 'hø:ɐ̯gəˌʀɛ:tə batə'ʀi:ən]

أريد شراء لمبتين خمسة وسبعين وات.
Ich brauche ein paar Glühbirnen mit 75 Watt.
[ɪç 'bʀaʊ̯χə aɪ̯n pa:ɐ̯ 'gly:ˌbɪʁnən mɪt ˌfʏnfʔʊnt'zi:pt͡sɪç vat]

Elektronische Artikel - سلع إلكترونية

هلا بينت لي كيفية تشغيله؟
Zeigen Sie mir bitte, wie man damit umgeht.
[ˈt͡saɪ̯gn̩ ziː miːɐ̯ ˈbɪtə viː man daˈmɪt ˈʊmˌgeːt]

هل يوجد ضمان؟
Gibt es eine Garantie?
[giːpt ɛs ˈaɪ̯nə ˌgaʀanˈtiː]

هل يأتي مصحوبا بالتعليمات؟
Liegt eine Anleitung bei?
[liːkt ˈaɪ̯nə ˈanlaɪ̯tʊŋ baɪ̯]

أنا أبحث عن كاميرا استعمال لمرة واحدة.
Ich suche nach einer Einwegkamera.
[ɪç ˈzuːχə naːχ ˈaɪ̯nɐ ˈaɪ̯nveːkˌkaməʀa]

Elektronische Artikel - سلع إلكترونية

متى ستكون الصور جاهزة؟
Wann werden die Fotos fertig sein?
[van 'veːɐ̯dn̩ diː 'foːtos 'fɛʁtɪç zaɪ̯n]

أريد استلام صوري هاهو الإيصال.
Ich möchte meine Fotos abholen. Hier ist meine Quittung.
[ɪç 'mœçtə 'maɪ̯nə 'foːtos 'apˌhoːlən hiːɐ̯ ɪst 'maɪ̯nə 'kvɪtʊŋ]

أريد نسختين من كل واحدة.
Ich möchte zwei Abzüge von jedem Foto haben.
[ɪç 'mœçtə t͡svaɪ̯ 'apˌt͡syːgə fɔn 'jeːdəm 'foːto 'haːbən]

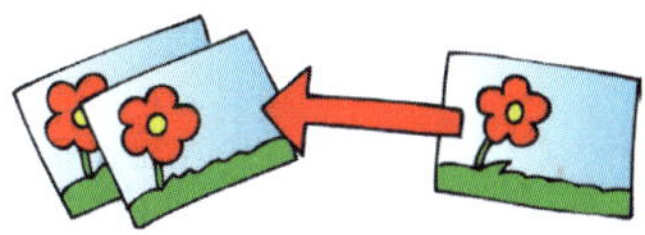

كلمات مفيدة

Speicherkarte	['ʃpaɪ̯çeˌkaʁtə]	شريط ذاكرة
Film	[fɪlm]	فيلم
Hochglanzdruck	['hoːχglant͡sˌdʀʊk]	تشطيب لميع
Mattglanzdruck	['matˌglant͡sˌdʀʊk]	تشطيب مطفي
Adapter	[a'daptɐ]	محول
Batterie	[batə'ʀiː]	بطارية
Elektrorasierer	[e'lɛktʀoʀaˌziːʀɐ]	ماكينة حلاقة كهربائية
Haartrockner	['haːɐ̯ˌtʀɔknɐ]	مجفف شعر
Speicherkarte	['ʃpaɪ̯çeˌkaʁtə]	بطاقة الذاكرة المدمجة (فلاش)
SD-Karte	[ʔɛs'deːˌkaʁtə]	بطاقة أس دي
Smart Media Karte	[smaːɐ̯t 'meːdi̯a 'kaʁtə]	بطاقة الوسيط الذكي
Compact Disc (CD)	[kɔm'pɛkt- dɪsk tseː'deː]	أسطوانة (سي دي)
Computer	[kɔm'pjuːtɐ]	كومبيوتر
Maus	[maʊ̯s]	فارة
Handy	['hɛndi]	تلفون موبيل
digital	[digi'taːl]	رقمي

Souvenirladen - مقتنيات تذكارية

أحب الحصول على تذكار من البلدة.
Ich hätte gerne ein Souvenir von dieser Stadt.
[ɪç 'hɛtə 'gɛʁnə aɪ̯n ˌzuvə'niːɐ̯ fɔn 'diːzɐ ʃtat]

هل لديكم صور للمناظر الطبيعية لهذه المنطقة؟
Haben Sie Ansichtsfotos von dieser Gegend?
['haːbən ziː 'anzɪçtsˌfoːtos fɔn 'diːzɐ 'geːgn̩t]

هل لديكم تي شيرت به مناظر للبلدة؟
Haben Sie ein T-Shirt mit Ansichten dieser Stadt?
['haːbən ziː aɪ̯n 'tiːʃøːɐ̯t mɪt 'anˌzɪçtn̩ 'diːzɐ ʃtat]

أبحث عن لوحات لفنانين هولنديين مشهورين.
Ich suche nach Bildern von bekannten holländischen Künstlern.
[ɪç 'zuːχə naːχ 'bɪldɐn fɔn bə'kantn̩ 'hɔlɛndɪʃn̩ 'kʏnstlɐn]

أنا مهتم بالفن الأوروبي.
Ich interessiere mich für europäische Kunst.
[ɪç ˌɪntəʀɛ'siːʀə mɪç fyːɐ̯ ˌɔɪ̯ʀo'pɛːɪʃə kʊnst]

أنا مهتم بالفن الشرقي.
Ich interessiere mich für orientalische Kunst.
[ɪç ˌɪntəʀɛ'siːʀə mɪç fyːɐ̯ ˌoʀi̯ɛn'taːlɪʃə kʊnst]

أحب الحصول على باقة من الورد الأحمر.
Einen Strauß roter Rosen, bitte.
[ˈaɪ̯nən ʃtʀaʊ̯s ˈʀoːtɐ ˈʀoːzn̩ ˈbɪtə]

أحب الحصول على زجاجة نبيذ.
Eine Flasche Wein, bitte.
[ˈaɪ̯nə ˈflaʃə vaɪ̯n ˈbɪtə]

أريد قطعتي شكولاته سادة.
Ich hätte gerne zwei Tafeln schwarze Schokolade.
[ɪç ˈhɛtə ˈɡɛʁnə t͡svaɪ̯ ˈtaːfl̩n ˈʃvaʁt͡sə ʃokoˈlaːdə]

ما مدة صلاحيتها؟
Wie lange sind sie haltbar?
[viː ˈlaŋə zɪnt ziː ˈhaltbaːɐ̯]

أمن الممكن أن أتصفحه؟
Darf ich mich umschauen?
[daʁf ɪç mɪç 'ʊmʃau̯ən]

أريد شراء كتاب إرشادي.
Ich würde gerne einen Reiseführer kaufen.
[ɪç 'vʏʁdə 'gɛʁnə 'aɪ̯nən 'ʁaɪ̯zəˌfyːʁɐ 'kau̯fn̩]

أريد شراء قاموس جيب.
Ich würde gerne ein Taschenwörterbuch kaufen.
[ɪç 'vʏʁdə 'gɛʁnə aɪ̯n 'taʃn̩vœʁtɐˌbuːχ 'kau̯fn̩]

أريد شراء خريطة للمدينة.
Ich würde gerne einen Stadtplan kaufen.
[ɪç 'vʏʁdə 'gɛʁnə 'aɪ̯nən 'ʃtatˌplaːn 'kau̯fn̩]

أريد قلما.
Ich hätte gerne einen Kugelschreiber.
[ɪç 'hɛtə 'gɛʁnə 'aɪ̯nən 'kuːglˌʃʁaɪ̯bɐ]

أريد مظروفا.
Ich hätte gerne einen Briefumschlag.
[ɪç 'hɛtə 'gɛʁnə 'aɪ̯nən 'bʁiːfʔʊmʃlaːk]

Tabak/Alkohol - تبغ/خمور

أريد علبة سجائر.
Ich möchte bitte eine Schachtel Zigaretten haben.
[ɪç ˈmœçtə ˈbɪtə ˈaɪ̯nə ˈʃaχtl̩ ˌtsigaˈʀɛtn̩ ˈha:bən]

أريد قداحة.
Ich möchte bitte ein Feuerzeug haben.
[ɪç ˈmœçtə ˈbɪtə aɪ̯n ˈfɔɪ̯ɐˌtsɔɪ̯k ˈha:bən]

أريد بعضا من التبغ.
Ich möchte bitte etwas Tabak haben.
[ɪç ˈmœçtə ˈbɪtə ˈɛtvas ˈta:bak ˈha:bən]

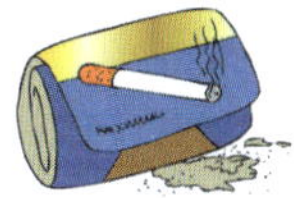

هل تبيع تبغ غليون؟
Haben Sie Pfeifentabak?
[ˈha:bən zi: ˈpfaɪ̯fn̩ˌta:bak]

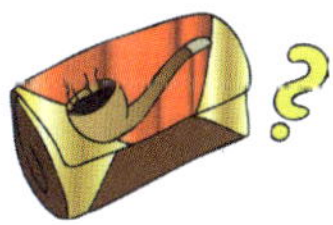

هل تبيع غليونا؟
Haben Sie Pfeifen?
[ˈha:bən zi: ˈpfaɪ̯fn̩]

هل تبيع سيجارا؟
Haben Sie Zigarren?
[ˈha:bən zi: ˌtsiˈgaʁən]

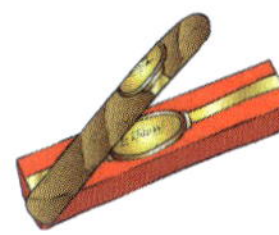

كم تبلغ كمية التبغ التي أستطيع تمريرها من الجمارك؟
Wie viel Tabak kann ich durch den Zoll bringen?
[vi: fi:l ˈta:bak kan ɪç dʊʁç de:n tsɔl ˈbʀɪŋən]

كم تبلغ كمية الكحول التي أستطيع تمريرها من الجمارك؟
Wie viel Alkohol kann ich durch den Zoll bringen?
[vi: fi:l ˈalkoˌho:l kan ɪç dʊʁç de:n tsɔl ˈbʀɪŋən]

كم تبلغ كمية العطور التي أستطيع تمريرها من الجمارك؟
Wie viel Parfüm kann ich durch den Zoll bringen?
[vi: fi:l paʁˈfy:m kan ɪç dʊʁç de:n tsɔl ˈbʀɪŋən]

هل تستطيع أن تنصحني بنبيذ جيد؟
Können Sie mir einen guten Wein empfehlen?
[ˈkœnən zi: mi:ɐ̯ ˈaɪ̯nən gu:tn̩ vaɪ̯n ˌɛmˈpfe:lən]

Schmuck/Uhren - مجوهرات/ساعات

أبحث عن قطعة مجوهرات صغيرة.
Ich suche nach einem kleinen Schmuckstück.
[ɪç ˈzuːχə naːχ ˈaɪ̯nəm ˈklaɪ̯nən ˈʃmʊkʃtʏk]

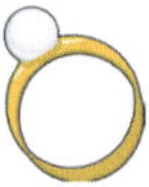

أريد خاتما.
Ich hätte gerne einen Ring.
[ɪç ˈhɛtə ˈɡɛʁnə ˈaɪ̯nən ʁɪŋ]

أريد بعض الأقراط.
Ich hätte gerne Ohrringe.
[ɪç ˈhɛtə ˈɡɛʁnə ˈoːɐ̯ˌʁɪŋə]

أريد بروشا.
Ich hätte gerne eine Brosche.
[ɪç ˈhɛtə ˈɡɛʁnə ˈaɪ̯nə ˈbʁɔʃə]

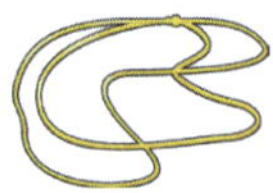

أريد سلسلة.
Ich hätte gerne eine Kette.
[ɪç ˈhɛtə ˈɡɛʁnə ˈaɪ̯nə ˈkɛtə]

أريد سوارا.
Ich hätte gerne ein Armband.
[ɪç ˈhɛtə ˈɡɛʁnə aɪ̯n ˈaʁmˌbant]

أريد عقدا.
Ich hätte gerne eine Halskette.
[ɪç ˈhɛtə ˈɡɛʁnə ˈaɪ̯nə ˈhalsˌkɛtə]

أريد دلاية.
Ich hätte gerne einen Anhänger.
[ɪç ˈhɛtə ˈɡɛʁnə ˈaɪ̯nən ˈanˌhɛŋɐ]

أريد ساعة يد.
Ich hätte gerne eine Armbanduhr.
[ɪç ˈhɛtə ˈɡɛʁnə ˈaɪ̯nə ˈaʁmbantˌʔuːɐ̯]

Schmuck/Uhren - مجوهرات/ساعات

هل عندكَ أية أقراط ذهبية؟
Haben Sie goldene Ohrringe?
['ha:bən zi: 'gɔldənə 'o:ɐ̯ˌʀɪŋə]

هل هذا ذهب؟
Ist das Gold?
[ɪst das gɔlt]

أريد أن أرى خاتما ذهبيا.
Ich möchte mir einen goldenen Ring anschauen.
[ɪç 'mœçtə mi:ɐ̯ 'aɪ̯nən 'gɔldənən ʀɪŋ 'anʃaʊ̯ən]

أريد أن أرى خاتما لزواج.
Ich möchte mir einen Trauring anschauen.
[ɪç 'mœçtə mi:ɐ̯ 'aɪ̯nən 'tʀaʊ̯ˌʀɪŋ 'anʃaʊ̯ən]

أريد ساعة حائط.
Ich hätte gerne eine Uhr.
[ɪç 'hɛtə 'gɛʁnə 'aɪ̯nə u:ɐ̯]

هل هي صناعة يدوية؟
Ist das Handarbeit?
[ɪst das 'hantʔaʁˌbaɪ̯t]

هل توجد شهادة له؟
Gibt es dafür ein Zertifikat?
[gi:pt ɛs da'fy:ɐ̯ aɪ̯n ˌʦɛʁtifi'ka:t]

هلا غييرتَ لي بطارية ساعتي من فضلكَ؟
Könnten Sie bitte die Batterie in meiner Uhr wechseln?
['kœntn̩ zi: 'bɪtə di: ˌbatə'ʀi: ɪn 'maɪ̯nɐ u:ɐ̯ 'vɛksl̩n]

مفتاح ملء الساعة مكسور.
Das Aufziehrädchen ist kaputt.
[das 'aʊ̯fʦi:ˌʀɛ:tçən ɪst ka'pʊt]

كلمات مفيدة

Diamant	[ˌdia'mant]	ماس
Perle	['pɛʁlə]	لؤلؤ
Platin	['pla:ti:n]	بلاتين
Kristallgeschirr	[kʀɪs'talgəʃɪʁ]	آنية زجاجية بلورية
Aquamarin	[akvama'ʀi:n]	زبرجد
Smaragd	[sma'ʀakt]	زمرد
Rubin	[ʀu'bi:n]	ياقوت رمّانيّ
Silber	['zɪlbɐ]	فضة
Gold	[gɔlt]	ذهب
Edelstein	['e:dl̩ʃtaɪ̯n]	حجر كريم
Halbedelsteine	['halpe:dl̩ʃtaɪ̯nə]	أحجار نصف كريمة
Bijouterie	[bi:'ʒu:təʁi:]	مجوهرات مقلدة

Im Supermarkt - في السوبر ماركت

أين يمكنني أن أجد طعاما معلبا؟
Wo kann ich Konserven finden?
[vo: kan ɪç kɔn'zɛʁvən 'fɪndn̩]

أين يمكنني أن أجد قهوة؟
Wo kann ich Kaffee finden?
[vo: kan ɪç 'kafe 'fɪndn̩]

أين يمكنني أن أجد شايا؟
Wo kann ich Tee finden?
[vo: kan ɪç te: 'fɪndn̩]

أين يمكنني أن أجد لوازم النظافة؟
Wo kann ich Toilettenartikel finden?
[vo: kan ɪç to̯a'lɛtn̩ˌaʁˌti:kl̩ 'fɪndn̩]

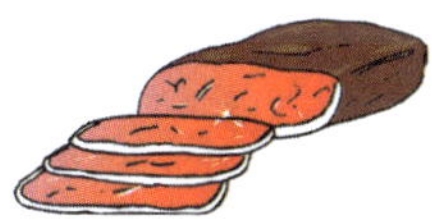

من فضلك، أعطني عدة شرائح من لحم الخنزير.
Geben Sie mir bitte ein paar Scheiben Schinken.
['ge:bn̩ zi: mi:ɐ̯ 'bɪtə aɪ̯n pa:ɐ̯ 'ʃaɪ̯bn̩ 'ʃɪŋkn̩]

هل يجب طهيه؟
Muss das gekocht werden?
[mʊs das gə'kɔχt 've:ɐ̯dn̩]

أكثر.
Etwas mehr.
['ɛtvas me:ɐ̯]

أقل.
Etwas weniger.
['ɛtvas 've:nɪgɐ]

Im Supermarkt - في السوبر ماركت

هذا كل شيء، شكرا.
Das ist alles, danke.
[das ɪst 'aləs 'daŋkə]

هل يمكن أن أحصل على شنطة من فضلكَ؟
Kann ich bitte eine Tüte haben?
[kan ɪç 'bɪtə 'aɪ̯nə 'ty:tə 'ha:bən]

هل توجد هنا صيدلية؟
Gibt es hier eine Apotheke?
[gi:pt ɛs hi:ɐ̯ 'aɪ̯nə ˌapo'te:kə]

كلمات مفيدة

Nur Bargeld [nu:ɐ̯ 'ba:ɐ̯gɛlt] . . . . نقد فقط
Haushaltswaren ['haʊ̯shaltsˌva:ʀən] . . . . بضائع منزلية
Feinkostgeschäft/Delikatessen ['faɪ̯nkɔstgəʃɛft / delika'tɛsn̩] . . . . أطعمة لذيذة
Bäckerei [ˌbɛkə'ʀaɪ̯] . . . . مخبز.
Nicht auftauen [nɪçt 'aʊ̯ftaʊ̯ən] . . . . تظل مجمدة
Zu verkaufen bis ... [tsu: fɛɐ̯'kaʊ̯fən bɪs] . . . . تباع بـ
mikrowellengeeignet ['mi:kʀovɛləngəˌʔaɪ̯gnət] . . . . يمكن وضعه في الميكروويف
Unze ['ʊntsə] . . . . أوقية.
Pfund [pfʊnt] . . . . رطل
Dutzend ['dʊtsn̩t] . . . . دزينة
Kilo ['ki:lo] . . . . كيلو
Gramm [gʀam] . . . . غرام
Liter ['li:tɐ] . . . . لتر.
Kupon [ku'põ] . . . . قسيمة
Rabatt [ʀa'bat] . . . . خصم
Beleg [bə'le:k] . . . . إيصال

Bezahlung - الدفع

أين أدفع؟
Wo bezahle ich?
[vo: bəˈʦa:lə ɪç]

هل تقبلون بطاقات الائتمان؟
Nehmen Sie Kreditkarten an?
[ˈne:mən zi: kʀeˈdi:tˌkaʁtn̩ an]

هل تقبلون العملة الأجنبية؟
Nehmen Sie ausländische Währung an?
[ˈne:mən zi: ˈaʊ̯sˌlɛndɪʃə ˈvɛ:ʀʊŋ an]

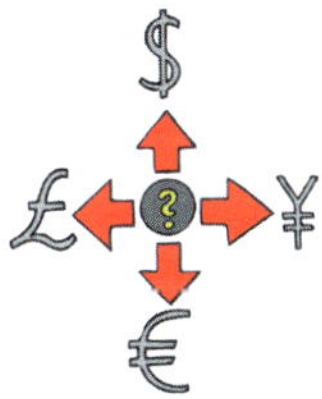

هل تقبلون الشيكات السياحية؟
Nehmen Sie Reiseschecks an?
[ˈne:mən zi: ˈʀaɪ̯zəˌʃɛks an]

هذا أكثر مما أستطيع دفعه.
Das ist mehr als ich bezahlen kann.
[das ɪst me:ɐ̯ als ɪç ˌbəˈʦa:lən kan]

هل أستطيع شراءه بدون ضرائب؟
Kann ich es zollfrei kaufen?
[kan ɪç ɛs ˈʦɔlfʀaɪ̯ ˈkaʊ̯fn̩]

هل تستطيع أن تعطيني سعرا أفضل؟
Können Sie mir einen besseren Preis anbieten?
[ˈkœnən zi: mi:ɐ̯ ˈaɪ̯nən ˈbɛsəʀən pʀaɪ̯s ˈanˌbi:tn̩]

هل تستطيع أن تعطيني خصما نقديا؟
Können Sie mir einen Barzahlungsrabatt gewähren?
[ˈkœnən zi: mi:ɐ̯ ˈaɪ̯nən ˈba:ɐ̯ʦa:lʊŋsʀaˌbat ˌgəˈvɛ:ʀən]

هل تستطيع أن تعطيني إيصالا؟
Können Sie mir einen Beleg geben?
['kœnən zi: mi:ɐ̯ 'aɪ̯nən bə'le:k 'ge:bn̩]

أيوجد خطأ في الفاتورة؟
Ist da nicht ein Fehler in der Rechnung?
[ɪst da: nɪçt aɪ̯n 'fe:lɐ ɪn de:ɐ̯ 'ʀɛçnʊŋ]

هل من الممكن أن تراجعها مرة أخرى؟
Prüfen Sie es noch einmal nach, bitte?
['pʀy:fən zi: ɛs nɔχ 'aɪ̯nma:l na:χ 'bɪtə]

لقد دفعت بالفعل!
Ich habe schon bezahlt!
[ɪç 'ha:bə ʃo:n bə'ʦa:lt]

أريد إرجاع هذا.
Ich möchte das zurückgeben.
[ɪç 'mœçtə das ʦu'ʀʏkˌge:bn̩]

ها هو إثبات الدفع.
Hier ist mein Zahlungsbeleg.
[hi:ɐ̯ ɪst maɪ̯n 'ʦa:lʊŋsbəˌle:k]

هذا مكسور.
Das ist kaputt.
[das ɪst ka'pʊt]

إصلاحات/المغسلة
Reparaturen und Wäscherei

Wäscherei/Chemische Reinigung - المغسلة/التنظيف الجاف

أين تقع أقرب خدمة غسيل ملابس؟
Wo ist die nächste Wäscherei?
[vo: ɪst di: ˈnɛ:çstə ˌvɛʃəˈʁaɪ̯]

أين يقع أقرب محل للتنظيف الجاف؟
Wo ist die nächste chemische Reinigung?
[vo: ɪst di: ˈnɛ:çstə ˈçe:miʃə ˈʁaɪ̯nɪɡʊŋ]

أين تقع أقرب مغسلة؟
Wo ist der nächste Waschsalon?
[vo: ɪst de:ɐ̯ ˈnɛ:çstə ˈvaʃˌsalɔn]

كم ستتكلف؟
Was wird es kosten?
[vas vɪʁt ɛs ˈkɔstn̩]

متي أستطيع استعادة ملابسي؟
Wann kann ich meine Sachen zurückhaben?
[van kan ɪç ˈmaɪ̯nə ˈzaxn̩ t͡suˈʁʏkˌha:bn̩]

هذه ليست أشيائي.
Das sind nicht meine Sachen.
[das zɪnt nɪçt ˈmaɪ̯nə ˈzaxn̩]

أحتاج لغسل هذه.
Ich möchte das waschen lassen.
[ɪç ˈmœçtə das ˈvaʃn̩ ˈlasn̩]

Wäscherei/Chemische Reinigung - المغسلة/التنظيف الجاف

أحتاج لكي هذه.
Ich möchte das bügeln lassen.
[ɪç 'mœçtə das 'by:gln 'lasn̩]

أحتاج لتنظيف هذه بالبخار.
Ich möchte das chemisch reinigen lassen.
[ɪç 'mœçtə das 'çe:mɪʃ 'ʀaɪ̯nɪgŋ̍ 'lasn̩]

لا يُكوى.
Nicht bügeln.
[nɪçt 'by:gln]

لا يستعمل معه مبيض.
Nicht bleichen.
[nɪçt 'blaɪ̯çn̩]

تنظيف جاف فقط
Nur trocken reinigen
[nu:ɐ̯ 'tʀɔkn̩ 'ʀaɪ̯nɪgŋ̍]

لا ينظف وهو جاف.
Nicht chemisch reinigen.
[nɪçt 'çe:mɪʃ 'ʀaɪ̯nɪgŋ̍]

غسيل يدوي فقط
Nur Handwäsche
[nu:ɐ̯ 'hant,vɛʃə]

كلمات مفيدة

waschen ['vaʃn̩] . . . . غسل.
trocknen ['tʀɔknən] . . . . جاف.
Waschmaschine ['vaʃmaʃi:nə]. . . . . غسالة أوتوماتيكية.
Trockner ['tʀɔknɐ] . . . . مجفف.
Weichspüler ['vaɪ̯çʃpy:lɐ] . . . . منعم أنسجة
Bleichmittel ['blaɪ̯ç,mɪtl̩]. . . . . مبيض
(Flüssig-)Waschmittel ['flʏsɪç,vaʃ,mɪtl̩] . . . . (سائل) منظف
Münzen ['mʏntsn̩] . . . . عملات معدنية
weiße Wäsche ['vaɪ̯sə 'vɛʃə]. . . . . الأبيض
farbige Wäsche ['faʁbɪgə 'vɛʃə] . . . . الألوان
helle Wäsche ['hɛlə 'vɛʃə] . . . . الفواتح.
dunkle Wäsche ['dʊŋklə 'vɛʃə]. . . . . الغوامق
Feinwäsche ['faɪ̯n,vɛʃə] . . . . الناعم
Getrennt waschen. [gə'tʀɛnt 'vaʃn̩] . . . . يُغسل منفصلا.
Auf links waschen. [aʊ̯f lɪŋks 'vaʃn̩] . . . . يُغسل على الظهر.

Reparaturen - إصلاحات

هل تستطيع إصلاح هذا؟
Können Sie das reparieren?
['kœnən zi: das ˌʀepa'ʀi:ʀən]

هل يستحق الآمر عناء الإصلاح؟
Lohnt es, das zu reparieren?
[lo:nt ɛs das t͡su: ˌʀepa'ʀi:ʀən]

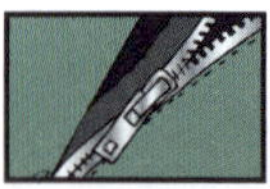

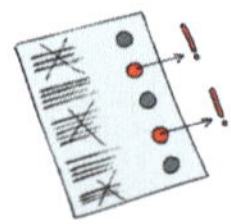

قم فقط بعمل الأساسيات.
Machen Sie nur das Nötigste.
['maχn̩ zi: nu:ɐ̯ das 'nø:tɪçstə]

هل تستطيع تصليح الجنزير؟
Können Sie den Reißverschluss reparieren?
['kœnən zi: de:n 'ʀaɪ̯sfɛɐ̯ʃlʊs ˌʀepa'ʀi:ʀən]

هل لديكَ بطارية لهذه؟
Haben Sie eine Batterie hierfür?
['ha:bən zi: 'aɪ̯nə ˌbatə'ʀi: 'hi:ɐ̯'fy:ɐ̯]

كم ستستغرق مدة إصلاحها؟
Wie lang wird die Reparatur dauern?
[vi: laŋ vɪʁt di: ˌʀepaʀa'tu:ɐ̯ 'daʊ̯ɐn]

هو لا يعمل جيدا.
Es funktioniert nicht richtig.
[ɛs ˌfʊŋkt͡si̯o'ni:ɐ̯t nɪçt 'ʀɪçtɪç]

كيف يعمل هذا؟
Wie funktioniert das?
[vi: ˌfʊŋkt͡si̯o'ni:ɐ̯t das]

الرياضة/الترفيه
Sport/Freizeit

Camping - التخييم

هل نستطيع أن نخيم هنا؟
Können wir hier draußen zelten?
['kœnən vi:ɐ̯ hi:ɐ̯ 'dʀaʊ̯sən 'tsɛltn̩]

كم تكلف المقطورة؟
Was kostet es pro Wohnwagen?
[vas 'ko:stət ɛs pʀo: 'vo:nˌva:gn̩]

هل يوجد مكان قريب من هنا يصلح للتخييم؟
Gibt es in der Nähe einen Campingplatz?
[gi:pt ɛs ɪn de:ɐ̯ 'nɛ:ə 'aɪ̯nən 'kɛmpɪŋˌplats]

كم تكلف العربة؟
Was kostet es pro Auto?
[vas 'ko:stət ɛs pʀo: 'aʊ̯to]

كم يكلف في اليوم؟
Was kostet ein Tag?
[vas 'ko:stət aɪ̯n ta:k]

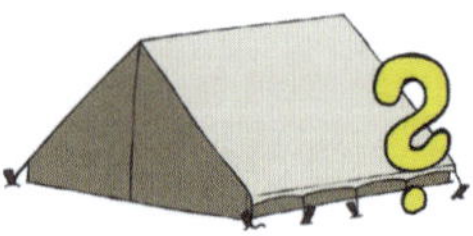

هل يوجد عندكم مكان لخيمة؟
Haben Sie Platz für ein Zelt?
['ha:bən zi: plats fy:ɐ̯ aɪ̯n tsɛlt]

كم تكلف الخيمة؟
Was kostet es pro Zelt?
[vas 'ko:stət ɛs pʀo: tsɛlt]

Camping - التخييم

من أين يمكنني الحصول على ماء للشرب؟
Wo kann ich Trinkwasser bekommen?
[vo: kan ɪç 'tʀɪŋk͵vasɐ ͵bə'kɔmən]

هل يوجد هنا في الموقع حمامات؟
Gibt es Duschen auf dem Campingplatz?
[gi:pt ɛs 'du:ʃn̩ aʊ̯f de:m 'kɛmpɪŋ͵plats]

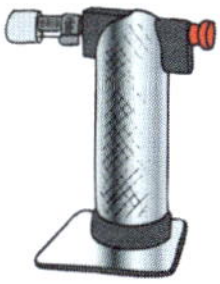

من أين يمكّنني الحصول على بعض من غاز البيوتان؟
Wo kann ich Butangas bekommen?
[vo: kan ɪç bu'ta:n͵ga:s ͵bə'kɔmən]

هل يوجد هنا في الموقع صفائح قمامة؟
Gibt es Mülltonnen auf dem Campingplatz?
[gi:pt ɛs 'mʏl͵tɔnən aʊ̯f de:m 'kɛmpɪŋ͵plats]

هل يوجد هنا في الموقع مخارج تيار كهربائي؟
Gibt es Elektro-Steckdosen auf dem Campingplatz?
[gi:pt ɛs e'lɛktʀoʃtɛk͵do:zn̩ aʊ̯f de:m 'kɛmpɪŋ͵plats]

هل البلدة بعيدة من هنا؟
Ist die Stadt weit weg von hier?
[ɪst di: ʃtat vaɪ̯t vɛk fɔn hi:ɐ̯]

أريد خريطة لطرق المشاة في هذه المنطقة.
Ich brauche eine Karte mit den Wanderwegen dieser Gegend.
[ɪç 'bʀaʊ̯χə 'aɪ̯nə 'kaʁtə mɪt de:n 'vandɐ͵ve:gn̩ 'di:zɐ 'ge:gn̩t]

Camping - التخييم

الازدحام شديد هنا.
Hier ist es zu voll.
[hiːɐ̯ ɪst ɛs ʦuː fɔl]

الأرض هنا صلبة كثيرا.
Der Boden ist zu hart.
[deːɐ̯ ˈboːdn̩ ɪst ʦuː haʁt]

الأرض هنا غير مستوية كثيرا.
Der Boden ist zu uneben.
[deːɐ̯ ˈboːdn̩ ɪst ʦuː ˈʊnʔeːbn̩]

هل صيد السمك مسموح به هنا؟
Ist das Fischen erlaubt hier?
[ɪst das ˈfɪʃn̩ ɛɐ̯ˈlaʊ̯pt hiːɐ̯]

هل الصيد مسموح به هنا؟
Ist das Jagen erlaubt hier?
[ɪst das ˈjaːgən ɛɐ̯ˈlaʊ̯pt hiːɐ̯]

كلمات مفيدة

Streichhölzer ['ʃtʀaɪ̯çˌhœlʦɐ] . . . . ثقاب
Holzkohle ['hɔlʦˌkoːlə] . . . . فحم
Butangas [bu'taːnˌgaːs] . . . . غاز البيوتان
Zeltstange ['ʦɛltˌʃtaŋə] . . . . وتد الخيمة
Hammer ['hamɐ] . . . . مطرقة
Zeltpflöcke ['ʦɛltˌpflœkə] . . . . أوتاد الخيمة
Kerosinkocher [keʀo'ziːnˌkɔχɐ] . . . . موقد الكيروسين
Schlafsack ['ʃlaːfˌzak] . . . . حقيبة النوم
Unterlegplane ['ʊntɐleːkˌplaːnə] . . . . بساط للفرش على الأرض
Isomatte ['iːzomatə] . . . . وسادة
Lagerfeuer ['laːgɐˌfɔɪ̯ɐ] . . . . نار المخيم
Zeltplatz ['ʦɛltˌplaʦ] . . . . أرض المخيم
Trinkwasser ['tʀɪŋkˌvasɐ] . . . . ماء للشرب

Am Strand - على الشاطئ

كيف يمكنني الوصول إلى الشاطئ من هنا؟
Wie komme ich von hier zum Strand?
[vi: ˈkɔmə ɪç fɔn hi:ɐ̯ tsʊm ʃtʀant]

هل الشاطئ مغطي بالحصى أو بالرمال؟
Ist der Strand steinig oder sandig?
[ɪst de:ɐ̯ ʃtʀant ˈʃtaɪ̯nɪç ˈo:dɐ ˈzandɪç]

هل السباحة آمنة هنا؟
Ist es nicht gefährlich, hier zu schwimmen?
[ɪst ɛs nɪçt ˌɡəˈfɛ:ɐ̯lɪç hi:ɐ̯ t͡su: ˈʃvɪmən]

هل يوجد حمام سباحة في الهواء الطلق قريب من هنا؟
Gibt es ein Freibad in der Nähe?
[gi:pt ɛs aɪ̯n ˈfʀaɪ̯ˌba:t ɪn de:ɐ̯ ˈnɛ:ə]

أين توجد أقرب حديقة للألعاب المائية؟
Wo ist der nächste Aquapark?
[vo: ɪst de:ɐ̯ ˈnɛ:çstə ˈa:kvaˌpaʁk]

هل لديكم هنا مركز للياقة البدنية؟
Haben Sie hier ein Fitnesszentrum?
[ˈha:bən zi: hi:ɐ̯ aɪ̯n ˈfɪtnɛsˌt͡sɛntʀʊm]

Am Strand - على الشاطئ

هل أستطيع التزحلق على الماء هناك؟
Kann ich dort Wasserski fahren?
[kan ɪç dɔʁt 'vasɐʃi: 'fa:ʀən]

هل أستطيع التزلج على الأمواج هناك؟
Kann ich dort surfen?
[kan ɪç dɔʁt 'zœʁfn̩]

هل أستطيع الغوص هناك؟
Kann ich dort tauchen?
[kan ɪç dɔʁt 'tau̯xn̩]

هل أستطيع تحليق طائرة شراعية هناك؟
Kann ich dort Segelfliegen gehen?
[kan ɪç dɔʁt 'ze:gl̩ˌfli:gn̩ 'ge:ən]

أين يوجد أقرب مكتب تأجير؟
Wo ist das nächste Mietbüro?
[vo: ɪst das 'nɛ:çstə 'mi:tbyˌʀo:]

أين يمكنني أن أؤجر لوحا للتزلج على الأمواج؟
Wo kann ich ein Surfbrett mieten?
[vo: kan ɪç aɪ̯n 'zø:ɐ̯fˌbʀɛt 'mi:tən]

كم يكلف تأجير لوح للتزلج على الأمواج؟
Was kostet es, ein Surfbrett zu mieten?
[vas 'ko:stət ɛs aɪ̯n 'zø:ɐ̯fˌbʀɛt t͡su: 'mi:tən]

هل من الضروري دفع ضمانة مالية؟
Ist es nötig, eine Kaution zu hinterlegen?
[ɪst ɛs 'nø:tɪç 'aɪ̯nə kau̯'t͡si̯o:n t͡su: ˌhɪntɐ'le:gn̩]

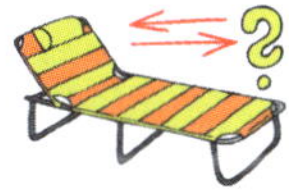

أين يمكنني أن أؤجر سرير التشمس؟
Wo kann ich eine Sonnenbank mieten?
[vo: kan ɪç 'aɪ̯nə 'zɔnənˌbaŋk 'mi:tən]

أين يمكنني أن أؤجر شمسية؟
Wo kann ich einen Schirm mieten?
[vo: kan ɪç 'aɪ̯nən ʃɪʁm 'mi:tən]

أين يمكنني أن أؤجر زورقا موطوريا؟
Wo kann ich ein Motorboot mieten?
[vo: kan ɪç aɪ̯n 'mo:to:ɐ̯ˌbo:t 'mi:tən]

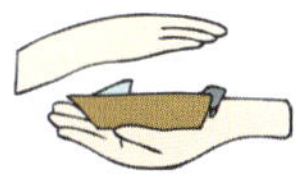

هل الزورق مؤمن عليه في حالة الطوارئ؟
Ist das Boot gegen Notfälle versichert?
[ɪst das bo:t 'ge:gn̩ 'no:tˌfɛlə fɛɐ̯'zɪçɐt]

متي يجب أن أعيد الزورق؟
Wann muss ich das Boot zurückbringen?
[van mʊs ɪç das bo:t ʦu'ʀʏkˌbʀɪŋən]

هل توجد هنا صخور أو تيارات قوية؟
Gibt es hier Riffe oder starke Strömungen?
[gi:pt ɛs hi:ɐ̯ 'ʀɪfə 'o:dɐ 'ʃtaʁkə 'ʃtʀø:mʊŋən]

Am Strand - على الشاطئ

أين يوجد أقرب مركز غطس؟
Wo ist das nächste Diving-Zentrum?
[vo: ɪst das ˈnɛ:çstə ˈdaɪvɪŋˌʦɛntʀʊm]

أين يمكنني إيجاد مدرب؟
Wo kann ich einen Trainer finden?
[vo: kan ɪç ˈaɪ̯nən ˈtʀɛ:nɐ ˈfɪndn̩]

كم يبلغ حجم الأكسجين المخزون؟
Wie lange hält die Sauerstoffflasche?
[vi: ˈlaŋə hɛlt di: ˈzaʊ̯ɐʃtɔfˌflaʃə]

هل أستطيع تأجير بدلة ومعدات للغطس؟
Kann ich einen Taucheranzug und Tauchausrüstung mieten?
[kan ɪç ˈaɪ̯nən ˈtaʊ̯xɐˌʔanʦu:k ʊnt ˈtaʊ̯xʔaʊ̯sˌʀʏstʊŋ ˈmi:tən]

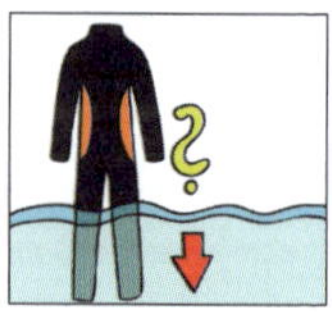

ما هو العمق الذي أستطيع الوصول إليه باستخدام بدلة الغطس هذه؟
Wie tief kann ich mit diesem Taucheranzug tauchen?
[vi: ti:f kan ɪç mɪt ˈdi:zəm ˈtaʊ̯xɐˌʔanʦu:k ˈtaʊ̯xn̩]

ما هو العمق هنا؟
Wie tief ist es hier?
[vi: ti:f ɪst ɛs hi:ɐ̯]

هل توجد تيارات تحت الماء؟
Gibt es hier Unterwasserströmungen?
[gi:pt ɛs hi:ɐ̯ ʊntɐˈvasɐʃtʀø:mʊŋən]

الصحة/الصيدلية
Gesundheit/Apotheke

Symptome - أعراض

عندي ألم في صدري.
Ich habe Schmerzen in der Brust.
[ɪç ˈhaːbə ˈʃmɛʁtsn̩ ɪn deːɐ̯ bʁʊst]

عندي ألم في خاصرتي.
ch habe Schmerzen in der Seite.
[ɪç ˈhaːbə ˈʃmɛʁtsn̩ ɪn deːɐ̯ ˈzaɪ̯tə]

لا أشعر أني على ما يرام.
Ich fühle mich nicht wohl.
[ɪç ˈfyːlə mɪç nɪçt voːl]

عندي حمى.
Ich habe Fieber.
[ɪç ˈhaːbə ˈfiːbɐ]

عندي ألم في حلقي.
Ich habe Halsschmerzen.
[ɪç ˈhaːbə ˈhalsˌʃmɛʁtsn̩]

عندي ألم في الظهر.
Ich habe Rückenschmerzen.
[ɪç ˈhaːbə ˈʁʏkn̩ˌʃmɛʁtsn̩]

عندي ألم في ذراعي.
Ich habe Schmerzen in meinem Arm.
[ɪç ˈhaːbə ˈʃmɛʁtsn̩ ɪn ˈmaɪ̯nəm aʁm]

Symptome - أعراض

أنا أعاني من قشعريرة برد ورجفة.
Ich habe Schüttelfrost.
[ɪç ˈhaːbə ˈʃʏtl̩ˌfʀɔst]

عندي صداع.
Ich habe Kopfschmerzen.
[ɪç ˈhaːbə ˈkɔpfʃmɛʁʦn̩]

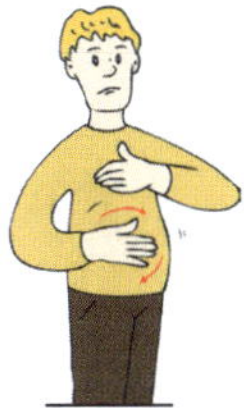

أشعر بالإغماء.
Ich fühle mich schwach.
[ɪç ˈfyːlə mɪç ʃvaχ]

عندي ألم في السعدة.
Ich habe Bauchschmerzen.
[ɪç ˈhaːbə ˈbaʊ̯χʃmɛʁʦn̩]

عندي اضطراب في المعدة.
Ich habe eine Magenverstimmung.
[ɪç ˈhaːbə ˈaɪ̯nə ˈmaːgn̩fɛɐ̯ʃtɪmʊŋ]

أشعر بالدوار.
Mir ist schwindlig.
[miːɐ̯ ɪst ˈʃvɪndlɪç]

أشعر بالمرض.
Mir ist schlecht.
[miːɐ̯ ɪst ʃlɛçt]

عندي ألم في الأسنان.
Ich habe Zahnschmerzen.
[ɪç ˈhaːbə ˈʦaːnʃmɛʁʦn̩]

أشعر بقليل من التحسن.
Ich fühle mich etwas besser.
[ɪç ˈfyːlə mɪç ˈɛtvas ˈbɛsɐ]

Symptome - أعراض

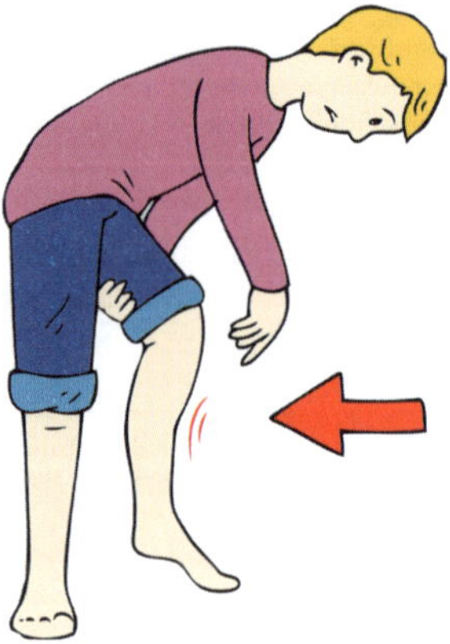

أنا أعاني من كسر عظم.
Ich habe einen Bruch.
[ɪç 'ha:bə 'aɪ̯nən bʀʊχ]

أنا أعاني من كدمة.
Ich habe eine Prellung.
[ɪç 'ha:bə 'aɪ̯nə 'pʀɛlʊŋ]

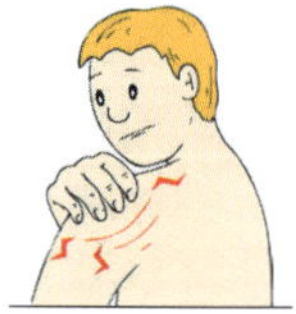

أنا أعاني من التواء.
Ich habe eine Zerrung.
[ɪç 'ha:bə 'aɪ̯nə 'ʦɛʀʊŋ]

أنا أعاني من جرح.
Ich habe eine Wunde.
[ɪç 'ha:bə 'aɪ̯nə 'vʊndə]

أنا أعاني من نتوء.
Ich habe eine Beule.
[ɪç 'ha:bə 'aɪ̯nə 'bɔɪ̯lə]

أنا أعاني من دمل.
Ich habe ein Furunkel.
[ɪç 'ha:bə aɪ̯n fu'ʀʊŋkl̩]

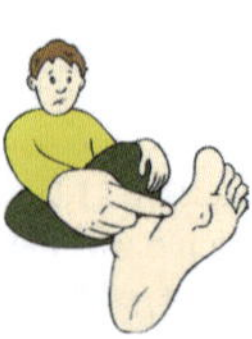

أنا أعاني من نفطة.
Ich habe eine Blase.
[ɪç 'ha:bə 'aɪ̯nə 'bla:zə]

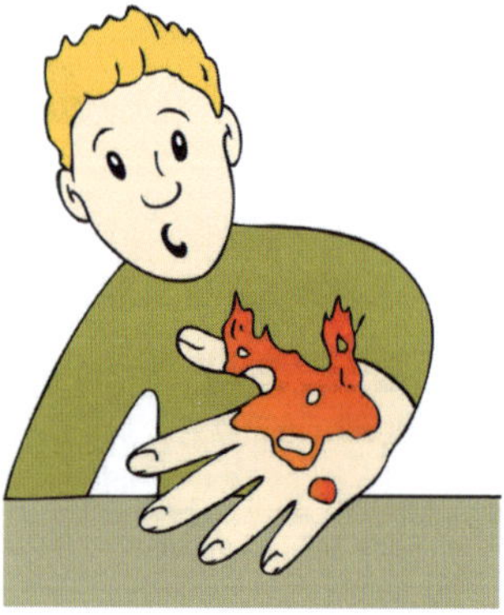

أنا أعاني من حرق.
Ich habe eine Verbrennung.
[ɪç 'ha:bə 'aɪ̯nə ˌfɛɐ̯'bʀɛnʊŋ]

Symptome - أعراض

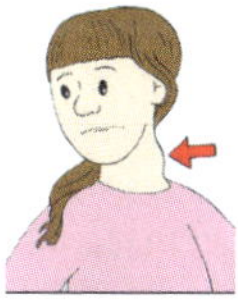

أنا أعاني من ورم.
Ich habe eine Schwellung.
[ɪç 'ha:bə 'aɪ̯nə 'ʃvɛlʊŋ]

أنا أعاني من قطع.
Ich habe eine Schnittwunde.
[ɪç 'ha:bə 'aɪ̯nə 'ʃnɪtˌvʊndə]

أنا أعاني من خدش.
Ich habe einen Kratzer.
[ɪç 'ha:bə 'aɪ̯nən 'kʀat͡sɐ]

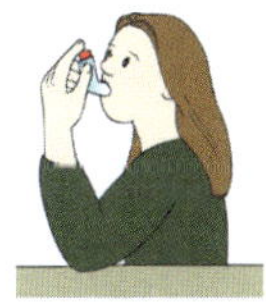

أنا أعاني من ربو.
Ich habe Asthma.
[ɪç 'ha:bə 'astma]

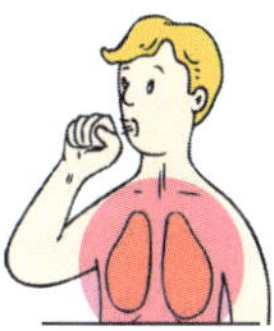

أنا أعاني من التهاب رئوي.
Ich habe eine Lungenentzündung.
[ɪç 'ha:bə 'aɪ̯nə 'lʊŋənʔɛntˌt͡sʏndʊŋ]

أنا أصاب دائما بصداع.
Ich kriege oft Kopfschmerzen.
[ɪç 'kʀi:gə ɔft 'kɔpfˌʃmɛʁt͡sn̩]

أنا أعاني من أنفلونزا.
Ich habe Grippe.
[ɪç 'ha:bə 'gʀɪpə]

أنا أعاني من التهاب شعبي.
Ich habe eine Bronchitis.
[ɪç 'ha:bə 'aɪ̯nə ˌbʀɔn'çi:tɪs]

Symptome - أعراض

أنفي يرشح.
Ich habe Schnupfen.
[ɪç 'ha:bə 'ʃnʊpfn̩]

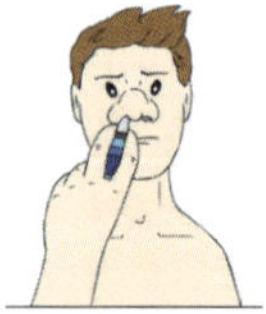

أنفي مسدود.
Ich habe eine verstopfte Nase.
[ɪç 'ha:bə 'aɪ̯nə ˌfɛɐ̯'ʃtɔpftə 'na:zə]

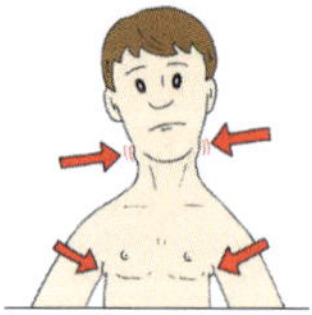

عقد نسيجي اللمفاوي متورمة.
Meine Lymphknoten sind geschwollen.
['maɪ̯nə 'lʏmfˌkno:tən zɪnt ˌgə'ʃvɔlən]

أنا أعاني من إسهال.
Ich habe Durchfall.
[ɪç 'ha:bə 'dʊʁçˌfal]

أنا أعاني من إمساك.
Ich habe Verstopfung.
[ɪç 'ha:bə ˌfɛɐ̯'ʃtɔpfʊŋ]

أنا أعاني من بواسير.
Ich habe Hämorrhoiden.
[ɪç 'ha:bə ˌhɛmɔ'ʁoi:dn̩]

أنا أعاني من تسمم غذائي.
Ich habe eine Lebensmittelvergiftung.
[ɪç 'ha:bə 'aɪ̯nə 'le:bn̩smɪtl̩fɛɐ̯ˌgɪftʊŋ]

Symptome - أعراض

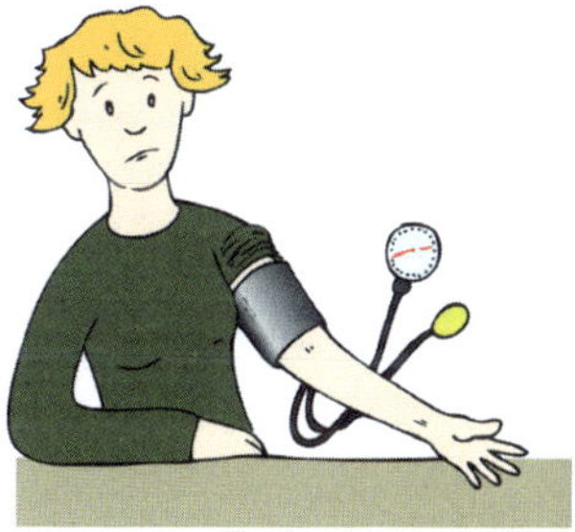

أنا أعاني من ضغط دم عالي.
Ich habe hohen Blutdruck.
[ɪç 'ha:bə 'ho:ən 'blu:tˌdʀʊk]

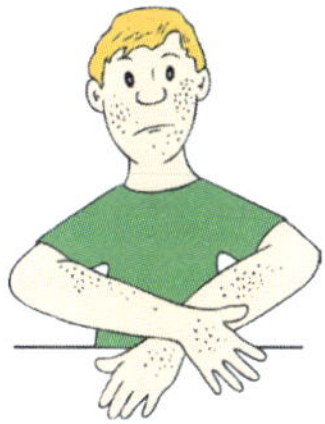

أنا أعاني من طفح جلدي.
Ich habe Hautausschlag.
[ɪç 'ha:bə 'haʊ̯tˌʔaʊ̯sʃla:k]

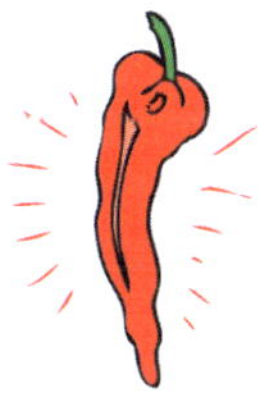

إنه ألم حاد.
Es ist ein stechender Schmerz.
[ɛs ɪst aɪ̯n 'ʃtɛçn̩dɐ ʃmɛʁʦ]

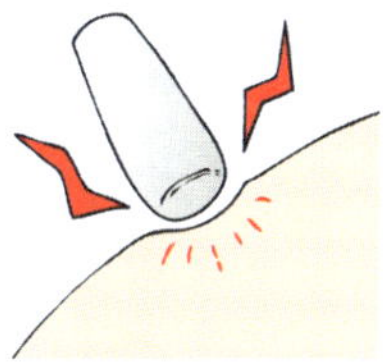

إنه ألم خفيف.
Es ist ein dumpfer Schmerz.
[ɛs ɪst aɪ̯n 'dʊmpfɐ ʃmɛʁʦ]

يشتد الألم بالليل.
Nachts tut es mehr weh.
[naχʦ tu:t ɛs me:ɐ̯ ve:]

الألم مستمر.
Es tut ständig weh.
[ɛs tu:t 'ʃtɛndɪk 'ʃtɛndɪç ve:]

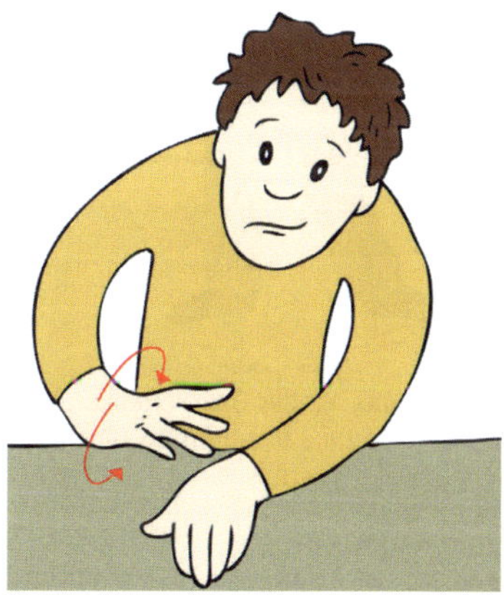

أشعر بالألم من وقت لآخر فحسب.
Es tut nur hin und wieder weh.
[ɛs tu:t nu:ɐ̯ hɪn ʊnt 'vi:dɐ ve:]

Symptome - أعراض

لقد كسرت ساقي.
Ich habe mir das Bein gebrochen.
[ɪç 'ha:bə mi:ɐ̯ das baɪ̯n gə'bʁɔχn̩]

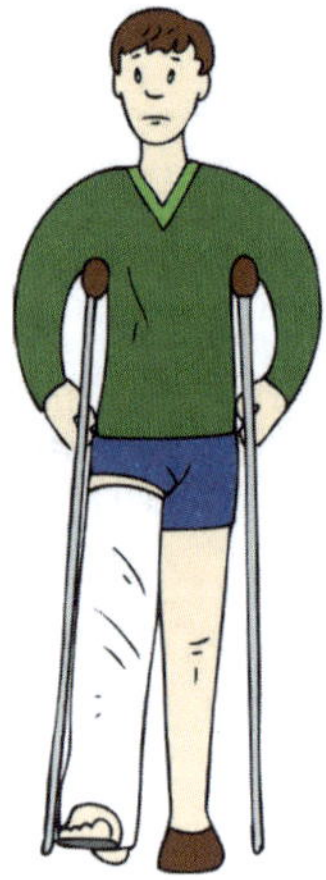

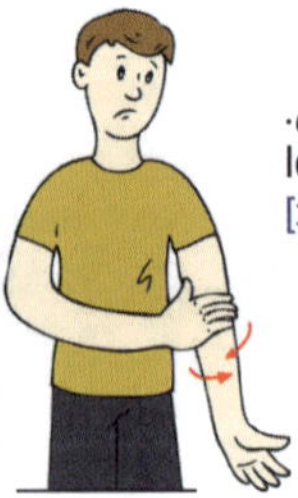

لقد خلعت ذراعي.
Ich habe mir den Arm verrenkt.
[ɪç 'ha:bə mi:ɐ̯ de:n aʁm fɛɐ̯'ʁɛŋkt]

لقد كسرت ذراعي.
Ich habe mir den Arm gebrochen.
[ɪç 'ha:bə mi:ɐ̯ de:n aʁm gə'bʁɔχn̩]

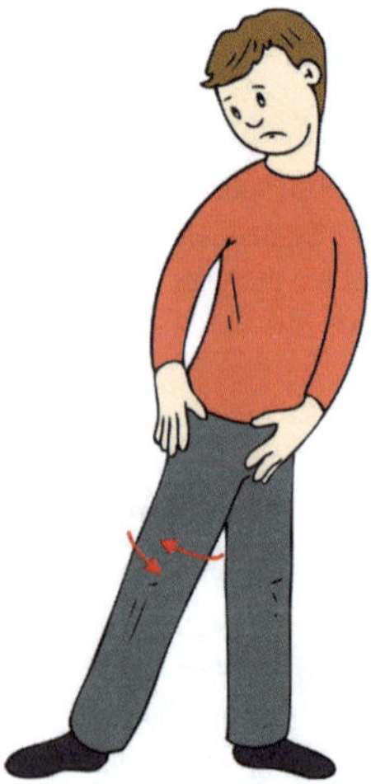

لقد خلع إصبعي.
Ich habe mir den Finger verrenkt.
[ɪç 'ha:bə mi:ɐ̯ de:n 'fɪŋɐ fɛɐ̯'ʁɛŋkt]

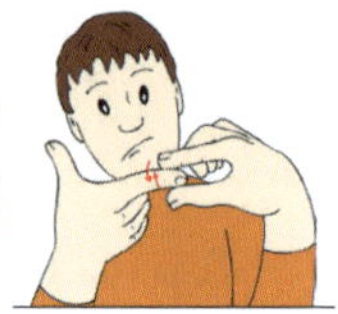

لقد خلعت ساقي.
Ich habe mir das Bein verrenkt.
[ɪç 'ha:bə mi:ɐ̯ das baɪ̯n fɛɐ̯'ʁɛŋkt]

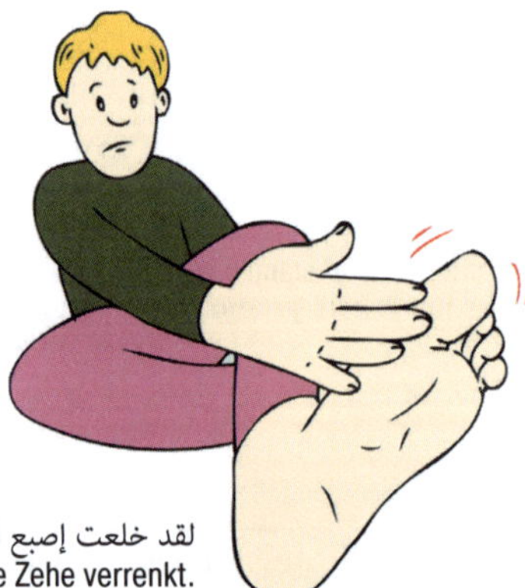

لقد خلعت إصبع قدمي.
Ich habe mir die Zehe verrenkt.
[ɪç 'ha:bə mi:ɐ̯ di: tse:ə fɛɐ̯'ʁɛŋkt]

Symptome - أعراض

لقد خبطت رأسي.
Ich habe mir meinen Kopf gestoßen.
[ɪç 'haːbə miːɐ̯ 'maɪ̯nən kɔpf gə'ʃtoːsn̩]

لقد خبطت يدي.
Ich habe mir meine Hand gestoßen.
[ɪç 'haːbə miːɐ̯ 'maɪ̯nə hant gə'ʃtoːsn̩]

لقد لويت كاحلي.
Ich habe mir den Fuß verstaucht.
[ɪç 'haːbə miːɐ̯ deːn fuːs fɛɐ̯'ʃtaʊ̯χt]

لقد خبطت ذراعي.
Ich habe mir meinen Arm gestoßen.
[ɪç 'haːbə miːɐ̯ 'maɪ̯nən aʁm gə'ʃtoːsn̩]

لقد كسرت إصبع قدمي.
Ich habe mir die Zehe gebrochen.
[ɪç 'haːbə miːɐ̯ diː tseːə gə'bʀɔχn̩]

لقد خبطت ركبتي.
Ich habe mir mein Knie gestoßen.
[ɪç 'haːbə miːɐ̯ maɪ̯n kniː gə'ʃtoːsn̩]

لقد كسرت إصبعي.
Ich habe mir den Finger gebrochen.
[ɪç 'haːbə miːɐ̯ deːn 'fɪŋɐ gə'bʀɔχn̩]

Symptome - أعراض

شئ ما دخل في عيني.
Mir ist etwas ins Auge gekommen.
[mi:ɐ̯ ɪst 'ɛtvas ɪns 'aʊ̯gə ˌgə'kɔmən]

أنا أعاني من الأرق.
Ich leide an Schlaflosigkeit.
[ɪç 'laɪ̯də an 'ʃla:flo:zɪçˌkaɪ̯t]

أنا مصاب بمتاعب في القلب.
Ich habe ein Herzproblem.
[ɪç 'ha:bə aɪ̯n 'hɛʁtspɹɒˌbləm]

أنا فقدت وزنا.
Ich verliere ständig am Gewicht.
[ɪç ˌfɛɐ̯'li:ʁə 'ʃtɛndɪç am gə'vɪçt]

عندي مرض السكر.
Ich bin Diabetiker.
[ɪç bɪn ˌdia'be:tikɐ]

أنا مصاب بحالة خطيرة من قدم الرياضي.
Ich habe einen schlimmen Fall von Fußpilz.
[ɪç 'ha:bə 'aɪ̯nən 'ʃlɪmən fal fɔn 'fu:sˌpɪlʦ]

لقد لُدغت.
Ich wurde gebissen.
[ɪç 'vʊʁdə gə'bɪsn̩]

Symptome - أعراض

عندي دوار البحر.
Ich bin seekrank.
[ɪç bɪn 'ze:ˌkʀaŋk]

عندي دوار السفر بالعربات.
Ich bin reisekrank.
[ɪç bɪn 'ʀaɪ̯zəˌkʀaŋk]

كلمات مفيدة

Schmerz [ʃmɛʁts]	ألم
Erkältung [ɛɐ̯'kɛltʊŋ]	زكام
Husten ['hu:stn̩]	كحة
Halsschmerzen ['halsˌʃmɛʁtsn̩]	احتقان في الحلق
Schwindel ['ʃvɪndl̩]	دوار
Schüttelfrost ['ʃʏtl̩ˌfʀɔst]	قشعريرة برد
Grippe ['gʀɪpə]	أنفلونزا
Furunkel [fu'ʀʊŋkl̩]	دمل
Bruch [bʀʊχ]	كسر العظم
Zerrung ['tsɛʀʊŋ]	التواء
Blase ['bla:zə]	نفطة
Wunde ['vʊndə]	جرح
Prellung ['pʀɛlʊŋ]	كدمة
Beule ['bɔɪ̯lə]	نتوء
Verbrennung [fɛɐ̯'bʀɛnʊŋ]	حرق
Schnittwunde ['ʃnɪtˌvʊndə]	قطع
Kratzer ['kʀatsɐ]	خدش
Schwellung ['ʃvɛlʊŋ]	ورم
Hautausschlag ['haʊ̯tˌʔaʊ̯sʃla:k]	طفح جلدي
Insektenstich [ɪn'zɛktn̩ʃtɪç]	لدغة حشرة
Genickstarre [gə'nɪkʃtaʀə]	تصلب الرقبة
Unterleibsschmerzen ['ʊntɐlaɪ̯psˌʃmɛʁtsn̩]	آلام البطن
Menstruationskrämpfe [mɛnstʀua'tsi̯o:nsˌkʀɛmpfə]	تقلصات العادة الشهرية
Kopfschmerzen ['kɔpfˌʃmɛʁtsn̩]	صداع
Migräne [mi'gʀɛ:nə]	صداع نصفي

أود أن أحدد موعدا.
Ich möchte einen Termin ausmachen.
[ɪç 'mœçtə 'aɪ̯nən tɛʁ'mi:n 'aʊ̯s,maχn̩]

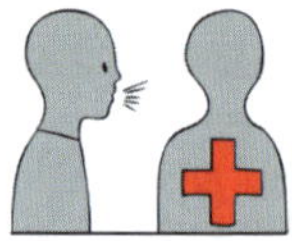

أود أن أرى طبيبا.
Ich möchte einen Arzt sprechen.
[ɪç 'mœçtə 'aɪ̯nən a:ɐ̯tst 'ʃpʀɛçn̩]

ما هي ساعات الاستشارة؟
Wann sind die Sprechzeiten?
[van zɪnt di: 'ʃpʀɛç,tsaɪ̯tn̩]

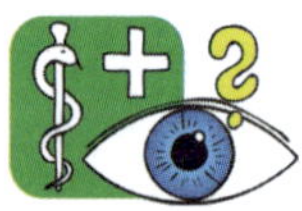

أين يوجد أقرب إخصائي في العين؟
Wo ist der nächste Augenarzt?
[vo: ɪst de:ɐ̯ 'nɛ:çstə 'aʊ̯gən,ʔa:ɐ̯tst]

أين يوجد أقرب إخصائي في الحلق؟
Wo ist der nächste Hals-Spezialist?
[vo: ɪst de:ɐ̯ 'nɛ:çstə 'halsʃpetsi̯a,lɪst]

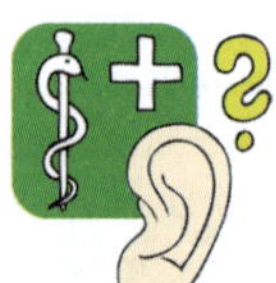

أين يوجد أقرب إخصائي في الأذن؟
Wo ist der nächste Ohrenarzt?
[vo: ɪst de:ɐ̯ 'nɛ:çstə 'o:ʀən,ʔa:ɐ̯tst]

Arztbesuch - زيارة إلى الطبيب

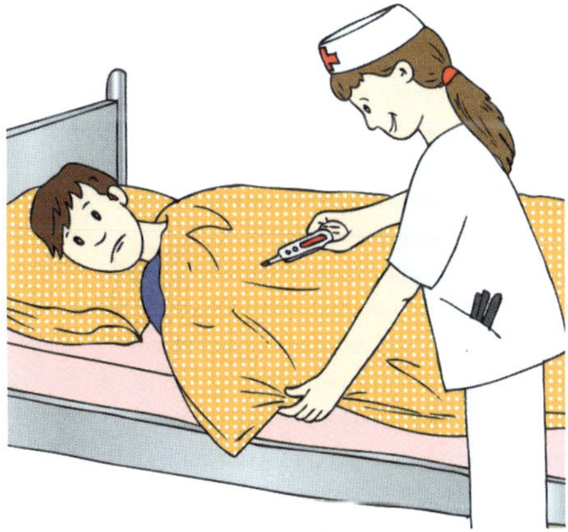

كم درجة حرارتي؟
Wie hoch ist meine Temperatur?
[vi: ho:χ ɪst 'maɪ̯nə ˌtɛmpəʀa'tu:ɐ̯]

كم من الوقت احتاجه للشفاء؟
Wie lange wird es dauern, bis ich wieder gesund bin?
[vi: 'laŋə vɪʁt ɛs 'daʊ̯ɐn bɪs ɪç 'vi:dɐ gə'zʊnt bɪn]

هل أستطيع إكمال رحلتي؟
Kann ich meine Reise fortsetzen?
[kan ɪç 'maɪ̯nə 'ʀaɪ̯zə 'fɔʁtˌzɛtsn̩]

هل مسموح لي بالنهوض من السرير؟
Darf ich schon aus dem Bett aufstehen?
[daʁf ɪç ʃo:n aʊ̯s de:m bɛt 'aʊ̯fʃte:ən]

هل تستطيع إعلام عائلتي من فضلكَ؟
Können Sie bitte meine Familie informieren?
['kœnən zi: 'bɪtə 'maɪ̯nə ˌfa'mi:li̯ə ˌɪnfɔʁ'mi:ʀən]

هل هو معدٍ؟
Ist es ansteckend?
[ɪst ɛs 'anʃtɛkn̩t]

هل هو خطير؟
Ist es gefährlich?
[ɪst ɛs ˌgə'fɛ:ɐ̯lɪç]

موجب O فصيلة دمي هي.
Meine Blutgruppe ist 0 positiv.
['maɪ̯nə 'blu:tˌgʀʊpə ɪst nʊl 'po:ziˌti:f]

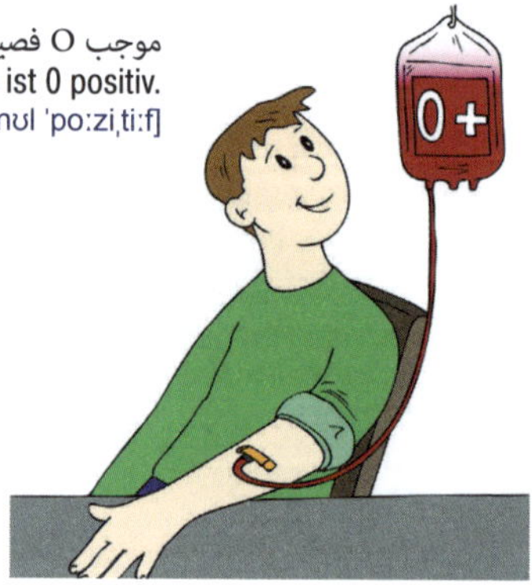

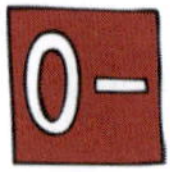

سالب O فصيلة دمي هي.
Meine Blutgruppe ist 0 negativ.
['maɪ̯nə 'blu:tˌgʀʊpə ɪst nʊl 'ne:gaˌti:f]

موجب A فصيلة دمي هي.
Meine Blutgruppe ist A positiv.
['maɪ̯nə 'blu:tˌgʀʊpə ɪst a: 'po:ziˌti:f]

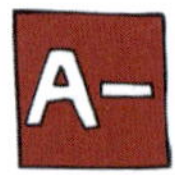

سالب A فصيلة دمي هي.
Meine Blutgruppe ist A negativ.
['maɪ̯nə 'blu:tˌgʀʊpə ɪst a: 'ne:gaˌti:f]

موجب B فصيلة دمي هي.
Meine Blutgruppe ist B positiv.
['maɪ̯nə 'blu:tˌgʀʊpə ɪst be: 'po:ziˌti:f]

سالب B فصيلة دمي هي.
Meine Blutgruppe ist B negativ.
['maɪ̯nə 'blu:tˌgʀʊpə ɪst be: 'ne:gaˌti:f]

موجب AB فصيلة دمي هي.
Meine Blutgruppe ist AB positiv.
['maɪ̯nə 'blu:tˌgʀʊpə ɪst a:be: 'po:ziˌti:f]

سالب AB فصيلة دمي هي.
Meine Blutgruppe ist AB negativ.
['maɪ̯nə 'blu:tˌgʀʊpə ɪst a:be: 'ne:gaˌti:f]

Arztbesuch - زيارة إلى الطبيب

هل تستطيع إعطائي شيئا لإيقاف الألم؟
Können Sie mir etwas Schmerzstillendes geben?
['kœnən zi: mi:ɐ̯ 'ɛtvas ʃmɛʁts'ʃtɪlənd̩əs 'ge:bn̩]

كم سيكلف هذا الفحص؟
Wie viel wird dieser Test kosten?
[vi: fi:l vɪʁt 'di:zɐ tɛst 'kɔstn̩]

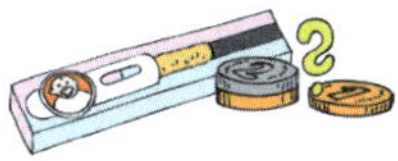

عندي قصر نظر.
Ich bin kurzsichtig.
[ɪç bɪn 'kʊʁts͜ˌzɪçtɪç]

عندي طول نظر.
Ich bin weitsichtig.
[ɪç bɪn 'vaɪ̯tˌzɪçtɪç]

أنا أتناول هذا الدواء.
Ich nehme diese Medizin.
[ɪç 'ne:mə 'di:zə ˌmedi'tsi:n]

أنا أتبع حمية.
Ich bin auf Diät.
[ɪç bɪn aʊ̯f di'ɛ:t]

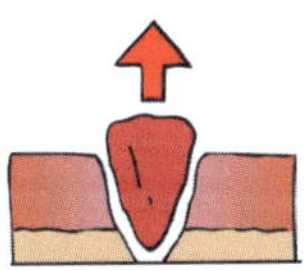

تلقيت من قبل علاجا للقرحة.
Ich hatte vor Kurzem eine Geschwürbehandlung.
[ɪç 'hatə fo:ɐ̯ 'kʊʁtsəm 'aɪ̯nə gə'ʃvy:ɐ̯bəˌhandlʊŋ]

من فضلكَ اكتب لي مهدأ بوصفة طبية.
Könnten Sie mir bitte ein Rezept für ein Beruhigungsmittel ausschreiben?
['kœntn̩ zi: mi:ɐ̯ 'bɪtə aɪ̯n ʀe'tsɛpt fy:ɐ̯ aɪ̯n bə'ʀu:ɪgʊŋsˌmɪtl̩ 'aʊ̯sʃʀaɪ̯bn̩]

Arztbesuch - زيارة إلى الطبيب

أنا حامل.
Ich bin schwanger.
[ɪç bɪn 'ʃvaŋɐ]

أين حجرة الأشعة؟
Wo ist der Röntgenraum?
[vo: ɪst de:ɐ̯ 'ʀœntgn̩ˌʀau̯m]

أحتاج لعمل أشعة سينية.
Ich muss mich röntgen lassen.
[ɪç mʊs mɪç 'ʀœntgn̩ 'lasn̩]

لم تأت لي العادة الشهرية هذه المرة.
Ich habe einmal meine Regel nicht bekommen.
[ɪç 'ha:bə 'aɪ̯nma:l 'maɪ̯nə 'ʀe:gl nɪçt ˌbə'kɔmən]

كلمات مفيدة

Termin [tɛʁ'mi:n] . . . . . . موعد
Untersuchung [ʊntɐ'zu:χʊŋ]. . . . . . فحص/فحص طبي عام
Rezept [ʀe'tsɛpt] . . . . . . وصفة طبية
Behandlung [bə'handlʊŋ] . . . . . . علاج
Analyse [ana'ly:zə] . . . . . . تحليل
Röntgenuntersuchung ['ʀœntgn̩ʊntɐzu:χʊŋ] . . . . . . أشعة سينية
ärztliche Untersuchung ['ɛ:ɐ̯tstlɪçə ʊntɐ'zu:χʊŋ] . . . . . . فحص جسدي
Krankenschwester ['kʀaŋkn̩ʃvɛstɐ] . . . . . . ممرضة
Verdauungsstörung [fɛɐ̯'dau̯ʊŋsˌʃtø:ʀʊŋ] . . . . . . عسر هضم
Infektion [ɪnfɛk'tsi̯o:n] . . . . . . عدوى
Übelkeit ['y:bl̩kaɪ̯t]. . . . . . غثيان
Harnwegsinfektion ['haʁnˌve:ksɪnfɛkˌtsi̯o:n]. . . . . . عدوى بولية
Geschlechtskrankheit [gə'ʃlɛçtsˌkʀaŋkhaɪ̯t] . . . . . . مرض تناسلي
Würmer ['vʏʁmɐ] . . . . . . ديدان
Arthritis [ar'tri:tɪs] . . . . . . التهاب المفاصل
Probe ['pʀo:bə] . . . . . . عينة
Asthma ['astma]. . . . . . الربو
Bronchitis [bʀɔn'çi:tɪs] . . . . . . التهاب شعبي
Allergie [ˌalɛʁ'gi:] . . . . . . حساسية
Herzkrankheit ['hɛʁtsˌkʀaŋkhaɪ̯t] . . . . . . مرض قلبي

Zahnarzt - طبيب الأسنان

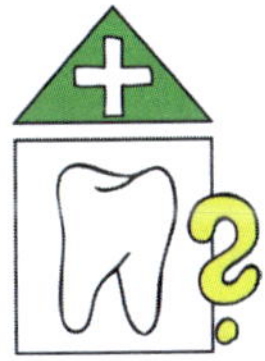

أين تقع أقرب عيادة أسنان؟
Wo ist die nächste Zahnklinik?
[vo: ɪst di: 'nɛ:çstə 'ʦa:nˌkli:nɪk]

الحشوا سقطت.
Mir ist eine Füllung rausgefallen.
[mi:ɐ̯ ɪst 'aɪ̯nə 'fʏlʊŋ 'ʀaʊ̯sgəˌfalən]

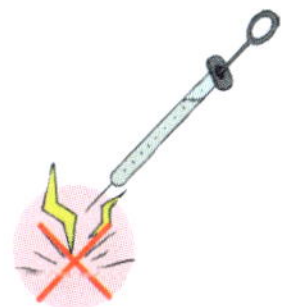

من فضلكَ، افعل شيئا لإيقاف الألم.
Tun Sie bitte etwas gegen die Schmerzen.
[tu:n zi: 'bɪtə 'ɛtvas 'ge:gn̩ di: 'ʃmɛʁʦn̩]

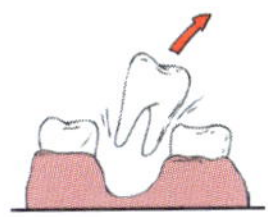

فقدت سنة.
Mir ist ein Zahn rausgefallen.
[mi:ɐ̯ ɪst aɪ̯n ʦa:n 'ʀaʊ̯sgəˌfalən]

لا تخلعها.
Bitte ziehen Sie ihn nicht.
['bɪtə 'ʦi:ən zi: i:n nɪçt]

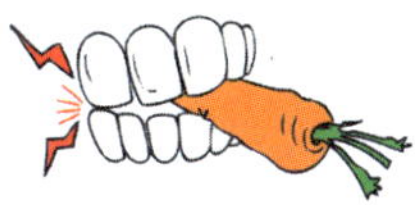

أشعر بالألم عند المضغ.
Es tut beim Kauen weh.
[ɛs tu:t baɪ̯m 'kaʊ̯ən ve:]

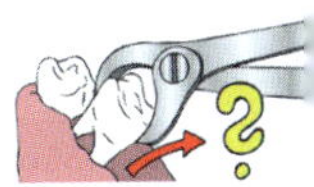

أمن الضروري خلعها؟
Ist es nötig, diesen Zahn zu ziehen?
[ɪst ɛs 'nø:tɪç 'di:zən ʦa:n ʦu: 'ʦi:ən]

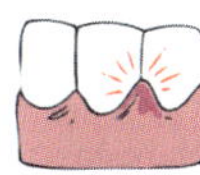

لثتي تؤلمني.
Mein Zahnfleisch tut weh.
[maɪ̯n 'ʦa:nflaɪ̯ʃ tu:t ve:]

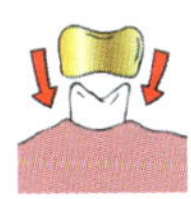

من فضلكَ، ضع تاجا لهذه السنة.
Machen Sie bitte ein Krone für diesen Zahn.
['maχn̩ zi: 'bɪtə aɪ̯n 'kʀo:nə fy:ɐ̯ 'di:zən ʦa:n]

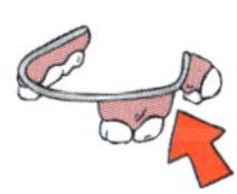

هل تستطيع اصلاح أسناني الصناعية؟
Können Sie meine Zahnprothese reparieren?
['kœnən zi: 'maɪ̯nə 'ʦa:npʀoˌte:zə ˌʀepa'ʀi:ʀən]

Unfälle/Erste Hilfe - الحوادث/الإسعافات الأولية

من فضلكَ استدع طبيبا.
Bitte rufen Sie einen Arzt.
['bɪtə 'ʁu:fn̩ zi: 'aɪ̯nən a:ɐ̯tst]

من فضلكَ استدع سيارة إسعاف.
Bitte rufen Sie einen Krankenwagen.
['bɪtə 'ʁu:fn̩ zi: 'aɪ̯nən 'kʁaŋkn̩ˌva:gn̩]

هو مصاب بجروح خطيرة.
Er ist schwer verletzt.
[e:ɐ̯s ɪst ʃve:ɐ̯ fɛɐ̯'lɛtst]

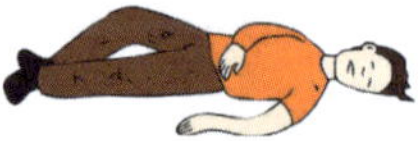

هو فاقد الوعي.
Er ist bewusstlos.
[e:ɐ̯s ɪst ˌbə'vʊstlo:s]

خذني إلى المستشفي!
Bringen Sie mich in ein Krankenhaus!
['bʁɪŋən zi: mɪç ɪn aɪ̯n 'kʁaŋkn̩ˌhaʊ̯s]

أنا أنزف.
Ich blute.
[ɪç 'blu:tə]

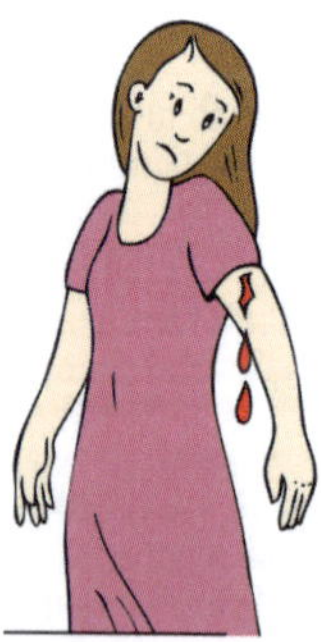

هو ينزف.
Er blutet.
[e:ɐ̯s 'blu:tət]

هي تنزف.
Sie blutet.
[zi: 'blu:tət]

Unfälle/Erste Hilfe - الحوادث/الإسعافات الأولية

صدمتني سيارة.
Ich wurde von einem Auto angefahren.
[ɪç 'vʊʁdə fɔn 'aɪ̯nəm 'aʊ̯to 'angəˌfa:ʀən]

وقعت من على الدرج.
Ich bin die Treppe heruntergefallen.
[ɪç bɪn di: 'tʀɛpə hɛ'ʁʊntɐgəˌfalən]

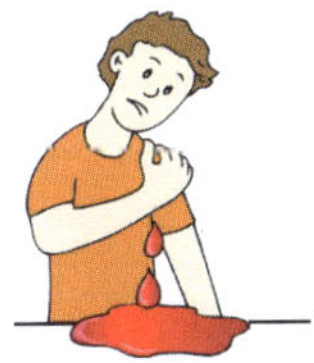

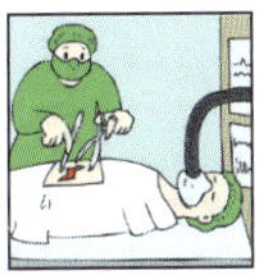

هل أحتاج لإجراء جراحة؟
Muss ich operiert werden?
[mʊs ɪç opə'ʀi:ɐ̯t 've:ɐ̯dn̩]

فقدت الكثير من الدم.
Ich habe viel Blut verloren.
[ɪç 'ha:bə fi:l blu:t ˌfɛɐ̯'lo:ʀən]

ها هي وثيقة تأميني الصحي.
Hier ist meine Krankenversicherungskarte.
[hi:ɐ̯ ɪst 'maɪ̯nə 'kʀaŋkn̩fɛɐ̯ˌzɪçəʀʊŋsˌkaʁtə]

هل سأحتاج لتخدير موضعي؟
Brauche ich eine Lokalbetäubung?
['bʀaʊ̯χə ɪç 'aɪ̯nə lo'ka:lˌbəˌtɔɪ̯bʊŋ]

هل أنا مضطر للبقاء في المستشفى؟
Muss ich im Krankenhaus bleiben?
[mʊs ɪç ɪm 'kʀaŋkn̩ˌhaʊ̯s 'blaɪ̯bm̩]

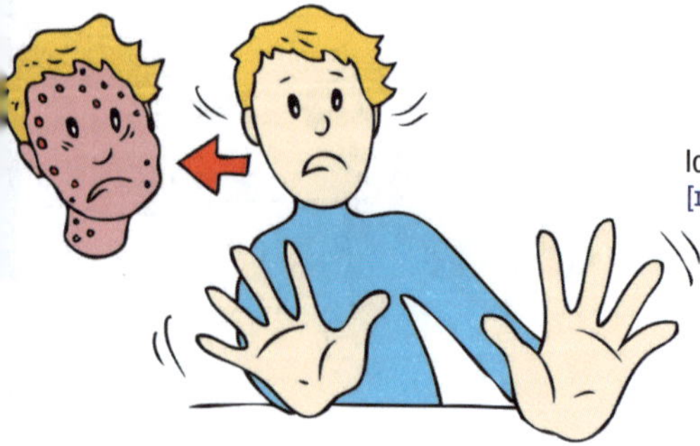

عندي حساسية من البنسلين.
Ich bin allergisch gegen Penizillin.
[ɪç bɪn aˈlɛʁgɪʃ ˈgeːgn̩ ˌpenit͡sɪˈliːn]

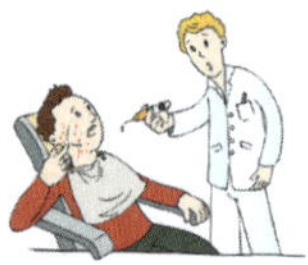

لدي حساسية من النوفوكين.
Ich habe eine Reaktion auf Novocain®.
[ɪç ˈhaːbə ˈai̯nə ˌʁeakˈt͡si̯oːn au̯f ˌnɔvɔˈkaiːn]

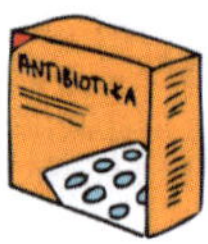

عندي حساسية من المضادات الحيوية.
Ich bin allergisch gegen Antibiotika.
[ɪç bɪn aˈlɛʁgɪʃ ˈgeːgn̩ ˌantiˈbi̯oːtika]

تناولت هذه الحبوب.
Ich habe diese Tabletten genommen.
[ɪç ˈhaːbə ˈdiːzə taˈblɛtn̩ ˌgəˈnɔmən]

ليست عندي حساسية لأي دواء.
Ich bin gegen keine Medikamente allergisch.
[ɪç bɪn ˈgeːgn̩ ˈkai̯nə ˌmedikaˈmɛntə aˈlɛʁgɪʃ]

عندي صرع.
Ich bin Epileptiker.
[ɪç bɪn ˌepiˈlɛptikɐ]

عندي حساسية.
Ich bin Allergiker.
[ɪç bɪn aˈlɛʁgikɐ]

عندي عجز.
Ich bin behindert.
[ɪç bɪn ˌbəˈhɪndɐt]

Drogerie - الصيدلية

في أي وقت تفتح الصيدلية؟
Wann öffnet die Apotheke?
[van 'œfnət di: ˌapo'te:kə]

في أي وقت تغلق الصيدلية؟
Wann schließt die Apotheke?
[van ʃli:st di: ˌapo'te:kə]

أين تقع أقرب صيدلية ليلية؟
Wo ist die nächste Nachtapotheke?
[vo: ɪst di: 'nɛ:çstə 'naχtapoˌte:kə]

هل أحتاج وصفة طبية من أجل هذا؟
Brauche ich dafür ein Rezept?
['bʀaʊ̯χə ɪç da'fy:ɐ̯ aɪ̯n ʀe'ʦɛpt]

هل تستطيع تركيب هذه الوصفة الطبية لي؟
Können Sie ein Medikament nach diesem Rezept vorbereiten?
['kœnən zi: aɪ̯n ˌmedika'mɛnt na:χ 'di:zəm ʀe'ʦɛpt 'fo:ɐ̯bəˌʀaɪ̯tən]

سوف أعود من أجلها.
Ich komme wieder und hole es ab.
[ɪç 'kɔmə 'vi:dɐ ʊnt 'ho:lə ɛs ap]

هل انتظر؟
Soll ich warten?
[zɔl ɪç 'vaʁtən]

كلمات مفيدة

Verfallsdatum [fɛɐ̯'fals,da:tʊm] . . . . تاريخ انتهاء الصلاحية
Nur für äußere Anwendung [nu:ɐ̯ fy:ɐ̯ 'ɔɪ̯səʀə 'anvɛndʊŋ] . . . . . للاستعمال الخارجي فقط
intravenös [ɪntʀave'nø:s] . . . . وريدي
rektal [ʀɛk'ta:l] . . . . شرجي
oral [o'ʀa:l] . . . . يعطى عن طريق الفم
Teelöffel ['te:,lœfl̩] . . . . ملعقة شاي
Dosierung [do'zi:ʀʊŋ] . . . . جرعة دواء
Tablette [ta'blɛtə] . . . . قرص دواء
Dragee [dʀa'ʒe:] . . . . قرص دواء مغلف
Brausetabletten ['bʀaʊ̯zəta,blɛtn̩] . . . . أقراص فوار
Kapsel ['kapsl̩] . . . . كبسولة.
Ampulle [am'pʊlə] . . . . أمبولة
Tropfen ['tʀɔpfn̩] . . . . قطرة.
Salbe ['zalbə] . . . . مرهم
Mixtur [mɪks'tu:ɐ̯] . . . . خليط
Sirup ['zi:ʀʊp] . . . . شراب
Zäpfchen ['ʦɛpfçn̩] . . . . تحاميل.
Puder ['pu:dɐ] . . . . مسحوق
Lösung ['lø:zʊŋ] . . . . محلول
Suspension [zu'zpaŋ,zi̯o:n] . . . . معلق
Creme [kʀɛ:m] . . . . كريم.
Heilmittel ['haɪ̯lmɪtl̩] . . . . دواء
Medikament [medika'mɛnt] . . . . عقار.
Schmerzmittel ['ʃmɛʁʦ,mɪtl̩] . . . . مسكن للألم
Analgetikum [anal'ge:tikʊm] . . . . مسكن.
Beruhigungsmittel [bə'ʀu:ɪgʊŋs,mɪtl̩] . . . . مهدئ للأعصاب
Abführmittel ['apfy:ɐ̯,mɪtl̩] . . . . ملين.
Sedativum [zeda'ti:vʊm] . . . . مهدئ
Schlafmittel ['ʃla:f,mɪtl̩] . . . . حبوب منومة
Aspirin®-Ersatz [,aspi'ʀi:nɛɐ̯,zaʦ] . . . . بديل للأسبرين
Hustentropfen ['hu:stn̩,tʀɔpfn̩] . . . . قطرات للكحة.
Ohrtropfen ['o:ɐ̯,tʀɔpfn̩] . . . . قطرات أذن.
Augentropfen ['aʊ̯gn̩,tʀɔpfn̩] . . . . قطرات عين.

Drogerie - الصيدلية

هل هو مناسب للأطفال؟
Ist es für Kinder geeignet?
[ɪst ɛs fyːɐ̯ ˈkɪndɐ ˌgəˈʔaɪ̯gnət]

كم عدد المرات التي يجب أن أتناول فيها الدواء؟
Wie oft soll ich die Medizin einnehmen?
[viː ɔft zɔl ɪç diː mediˈʦiːn ˌaɪ̯nˈneːmən]

هل توجد أعراض جانبية مصاحبة لهذا الدواء؟
Hat dieses Medikament irgendwelche Nebenwirkungen?
[hat ˈdiːzəs ˌmedikaˈmɛnt ˈɪʁgn̩tˌvɛlçə ˈneːbn̩ˌvɪʁkʊŋən]

كيف يجب تناول هذا الدواء؟
Wie soll ich diese Medizin einnehmen?
[viː zɔl ɪç ˈdiːzə mediˈʦiːn ˌaɪ̯nˈneːmən]

هل أستطيع الحصول على شيء لعلاج اضطراب المعدة؟
Kann ich etwas gegen Magenverstimmung bekommen?
[kan ɪç ˈɛtvas ˈgeːgn̩ ˈmaːgn̩fɛɐ̯ʃtɪmʊŋ ˌbəˈkɔmən]

هل أستطيع الحصول على شيء لعلاج الإسهال؟
Kann ich etwas gegen Durchfall bekommen?
[kan ɪç ˈɛtvas ˈgeːgn̩ ˈdʊʁçˌfal ˌbəˈkɔmən]

على معدة فارغة؟
Auf leeren Magen?
[aʊ̯f ˈleːʁən ˈmaːgn̩]

بعد الوجبات؟
Nach dem Essen?
[naːχ deːm ˈɛsn̩]

قبل الوجبات؟
Vor dem Essen?
[foːɐ̯ deːm ˈɛsn̩]

مع الوجبات؟
Mit dem Essen?
[mɪt deːm ˈɛsn̩]

هل أستطيع الحصول على شيء لعلاج الأعراض التي تعقب شرب الخمر؟
Kann ich etwas gegen einen Kater bekommen?
[kan ɪç 'ɛtvas 'ge:gn̩ 'ai̯nən 'ka:tɐ ˌbə'kɔmən]

هل أستطيع الحصول على شيء لعلاج دوار الحركة؟
Kann ich etwas gegen Reisekrankheit bekommen?
[kan ɪç 'ɛtvas 'ge:gn̩ 'ʀai̯zəˌkʀaŋkhai̯t ˌbə'kɔmən]

هل أستطيع الحصول على شيء لعلاج حروق الشمس؟
Kann ich etwas gegen einen Sonnenbrand bekommen?
[kan ɪç 'ɛtvas 'ge:gn̩ 'ai̯nən 'zɔnənˌbʀant ˌbə'kɔmən]

هل أستطيع الحصول على شيء لعلاج لدغات الحشرات؟
Kann ich etwas gegen Insektenstiche bekommen?
[kan ɪç 'ɛtvas 'ge:gn̩ ɪn'zɛktn̩ʃtɪçə ˌbə'kɔmən]

هل أستطيع الحصول على شيء لعلاج حمى الكلأ؟
Kann ich etwas gegen Heuschnupfen bekommen?
[kan ɪç 'ɛtvas 'ge:gn̩ 'hɔi̯ʃnʊpfn̩ ˌbə'kɔmən]

هل أستطيع الحصول على شيء لعلاج الكحة؟
Kann ich etwas gegen Husten bekommen?
[kan ɪç 'ɛtvas 'ge:gn̩ 'hu:stn̩ bə'kɔmən]

هل أستطيع الحصول على شيء لعلاج احتقان الحلق؟
Kann ich etwas gegen Halsschmerzen bekommen?
[kan ɪç 'ɛtvas 'ge:gn̩ 'halsʃmɛʁtsn̩ ˌbə'kɔmən]

هل أستطيع الحصول على شيء لعلاج الزكام؟
Kann ich etwas gegen Erkältung bekommen?
[kan ɪç 'ɛtvas 'ge:gn̩ ɛɐ̯'kɛltʊŋ ˌbə'kɔmən]

Drogerie - الصيدلية

هل أستطيع الحصول على أسبرين؟
Bitte geben Sie mir etwas Aspirin®.
['bɪtə 'ge:bn̩ zi: mi:ɐ̯ 'ɛtvas ˌaspi'ʀi:n]

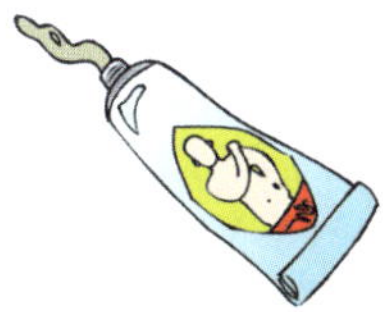

هل أستطيع الحصول على كريم مطهر؟
Bitte geben Sie mir eine antiseptische Creme.
['bɪtə 'ge:bn̩ zi: mi:ɐ̯ 'aɪ̯nə ˌanti'zɛptɪʃə kʀɛ:m]

هل أستطيع الحصول على واقي ذكري؟
Bitte geben Sie mir Kondome.
['bɪtə 'ge:bn̩ zi: mi:ɐ̯ ˌkɔn'do:mə]

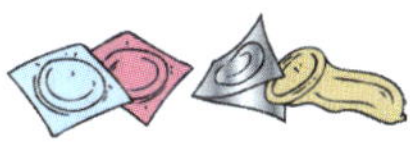

هل أستطيع الحصول على معجون أسنان؟
Bitte geben Sie mir Zahnpasta.
['bɪtə 'ge:bn̩ zi: mi:ɐ̯ 'ʦa:nˌpasta]

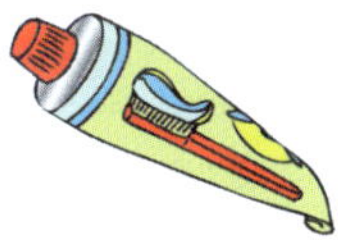

هل أستطيع الحصول على مناديل ورقية؟
Bitte geben Sie mir Taschentücher.
['bɪtə 'ge:bn̩ zi: mi:ɐ̯ 'taʃn̩ˌty:çɐ]

هل أستطيع الحصول على طارد للحشرات؟
Bitte geben Sie mir ein Insektenschutzmittel.
['bɪtə 'ge:bn̩ zi: mi:ɐ̯ aɪ̯n ɪn'zɛktn̩ʃʊʦˌmɪtl̩]

كلمات مفيدة

Desinfektionslösung [dɛsʔɪnfɛk'tsi̯o:ns,lø:zʊŋ]	محلول تعقيم
Anti-Allergie-Tabletten ['antialɛʁ,gi:ta,blɛtən]	حبوب مضادة للحساسية
Asthma-Spray ['astma∫pʀe:]	رذاذ مضاد للربو.
Einlauf ['aɪ̯n,laʊ̯f]	حقنة شرجية
Thermometer [tɛʁmo'me:tɐ]	محرار
Heftpflaster ['hɛft,pflastɐ]	لزقة ضمادة.
Feuchtigkeitscreme ['fɔɪ̯çtɪçkaɪ̯ts,kʀɛ:m]	كريم ترطيب
Handcreme ['hant,kʀe:m]	كريم ترطيب اليد
Lippensalbe/Lippenbalsam ['lɪpn̩,zalbə / 'lɪpn̩,balza:m]	مرهم الشفة/مرهم عطري للشفة
Deodorant [deʔodo'ʀant]	مزيل العرق.
Zahnseide ['tsa:n,zaɪ̯də]	خيط تنظيف الأسنان.
Zahnbürste ['tsa:n,bʏʁstə]	فرشاة الأسنان
Sonnencreme/Sonnenlotion ['zɔnən,kʀɛ:m / 'zɔnənlo,tsi̯o:n]	كريم لاسمرار البشرة.
AfterSun-Lotion ['ɑ:ftə,sʌn lo'tsi̯o:n]	كريم بعد التعرض للشمس
Sonnenblocker ['zɔnən,blɔkɐ]	حاجز الشمس.
Lichtschutzfaktor ['lɪçt∫ʊts,fakto:ɐ̯]	عامل حماية من الشمس
Rasierklingen [ʀa'zi:ɐ̯klɪŋən]	شفرات حلاقة.
Aftershave ['a:ftɐ∫e:f]	عطر بعد الحلاقة
Toilettenpapier [to̯a'lɛtn̩pa,pi:ɐ̯]	ورق حمام
Seife ['zaɪ̯fə]	صابون
Damenbinden ['da:mən,bɪndn̩]	فوط صحية.
Tampons ['tampo:ns]	تحاميل نسائية
Kamm [kam]	مشط
Haarspülung ['ha:ɐ̯∫py:lʊŋ]	منعم الشعر
Schaumfestiger ['∫aʊ̯m,fɛstɪgɐ]	الموسية
Haarspray ['ha:ɐ̯∫pʀe:]	مثبت الشعر
Shampoo ['∫ampu]	شامبو
Babynahrung ['be:bi,na:ʀʊŋ]	طعام للأطفال.
Windeln ['vɪndl̩n]	حفاضات.

التجميل

Schönheitspflege

كم من الوقت يجب أن أنتظر؟
Wie lange werde ich warten müssen?
[viː ˈlaŋə ˈveːɐ̯də ɪç ˈvaʁtən ˈmʏsn̩]

أود تحديد موعد لقص شعري.
Ich möchte einen Termin zum Haareschneiden ausmachen.
[ɪç ˈmœçtə ˈaɪ̯nən tɛʁˈmiːn tsʊm ˈhaːʁəˌʃnaɪ̯dn̩ ˈaʊ̯sˌmaxn̩]

أين أستطيع أن أجلس لبضع لحظات؟
Wo kann ich mich für eine Weile hinsetzen?
[voː kan ɪç mɪç fyːɐ̯ ˈaɪ̯nə ˈvaɪ̯lə ˈhɪnˌzɛtsn̩]

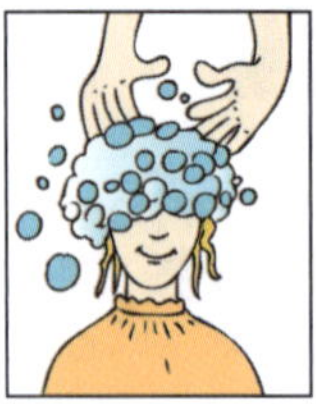

أريد عمل غسل شعر.
Ich möchte eine Haarwäsche.
[ɪç ˈmœçtə ˈaɪ̯nə ˈhaːɐ̯ˌvɛʃə]

أريد عمل تسريحة شعر.
Ich möchte eine Frisur.
[ɪç ˈmœçtə ˈaɪ̯nə ˌfʁiˈzuːɐ̯]

أريد عمل قصة شعر.
Ich möchte einen Haarschnitt.
[ɪç ˈmœçtə ˈaɪ̯nən ˈhaːɐ̯ˌʃnɪt]

أريد قصة قصيرة.
Ich möchte einen kurzen Haarschnitt.
[ɪç ˈmœçtə ˈaɪ̯nən ˈkʊʁtsn̩ ˈhaːɐ̯ˌʃnɪt]

أريد تلوين شعري.
Ich möchte meine Haare färben lassen.
[ɪç 'mœçtə 'maɪ̯nə 'haːʀə 'fɛʁbn̩ 'lasn̩]

أريد تجعيد شعري.
Ich möchte meine Haare wellen lassen.
[ɪç 'mœçtə 'maɪ̯nə 'haːʀə 'vɛlən 'lasn̩]

ليس قصيرا جدا.
Nicht zu kurz.
[nɪçt t͡suː kʊʁt͡s]

قصه قصة قصيرة، من فضلكَ.
Bitte schneiden Sie es kurz.
['bɪtə 'ʃnaɪ̯dn̩ ziː ɛs kʊʁt͡s]

من فضلكَ أريد غسل شعري وتصفيفه.
Bitte waschen und stylen Sie mein Haar.
['bɪtə 'vaʃn̩ ʊnt 'staɪ̯lən ziː maɪ̯n haːɐ̯]

تموج خفيف، من فضلكَ.
Bitte eine leichte Dauerwelle.
['bɪtə 'aɪ̯nə 'laɪ̯çtə 'daʊ̯ɐˌvɛlə]

خذ بعضا من الأطراف فحسب.
Schneiden Sie nur ein wenig die Spitzen.
['ʃnaɪ̯dn̩ ziː nuːɐ̯ aɪ̯n 'veːnɪç diː 'ʃpɪt͡sən]

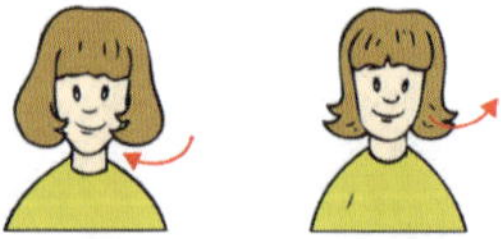

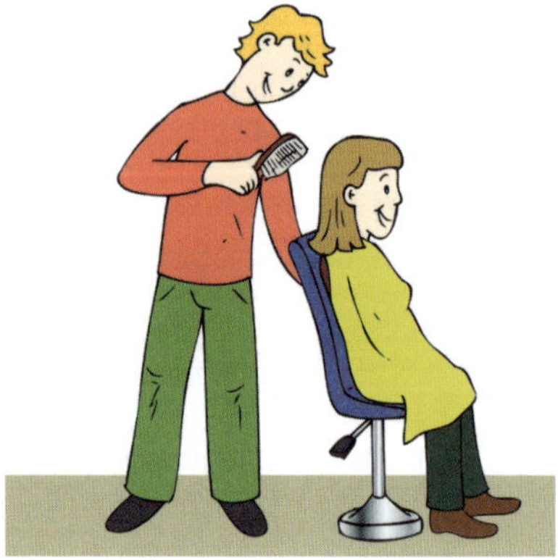

من فضلكَ جعد الأطراف للداخل.
Bitte locken Sie die Enden nach innen.
['bɪtə 'lɔkn̩ ziː diː 'ɛndn̩ naːχ 'ɪnən]

من فضلكَ جعد الأطراف للخارج.
Bitte locken Sie die Enden nach außen.
['bɪtə 'lɔkn̩ ziː diː 'ɛndn̩ naːχ 'aʊ̯sn̩]

من فضلكَ أفرق شعري على الجانب الأيمن.
Bitte machen Sie mir einen Scheitel auf der rechten Seite.
['bɪtə 'maχn̩ ziː miːɐ̯ 'aɪ̯nən 'ʃaɪ̯tl̩ aʊ̯f deːɐ̯ 'ʀɛçtn̩ 'zaɪ̯tə]

من فضلكَ أفرق شعري في المنتصف.
Bitte machen Sie mir einen Scheitel in der Mitte.
['bɪtə 'maχn̩ ziː miːɐ̯ 'aɪ̯nən 'ʃaɪ̯tl̩ ɪn deːɐ̯ 'mɪtə]

من فضلكَ ثبت التسريحة بمثبت الشعر.
Bitte fixieren Sie die Frisur mit Haarspray.
['bɪtə fɪ'ksiːʀən ziː diː ˌfʀi'zuːɐ̯ mɪt 'haːɐ̯ʃpʀeː]

بدون مثبت الشعر، من فضلكَ.
Bitte ohne Haarspray.
['bɪtə 'oːnə 'haːɐ̯ʃpʀeː]

من فضلكَ استعمل الموسية.
Bitte verwenden Sie Schaumfestiger.
['bɪtə fɛɐ̯'vɛndn̩ fɛɐ̯'vɛndən ziː 'ʃaʊ̯mˌfɛstɪgɐ]

من فضلكَ سوي لحيتي.
Bitte schneiden Sie meinen Bart zurecht.
['bɪtə 'ʃnaɪ̯dn̩ zi: 'maɪ̯nən ba:ɐ̯t ʦu'ʀɛçt]

من فضلكَ سوي شاربي.
Bitte schneiden Sie meinen Schnurrbart zurecht.
['bɪtə 'ʃnaɪ̯dn̩ zi: 'maɪ̯nən 'ʃnʊʁˌba:ɐ̯t ʦu'ʀɛçt]

أريد عمل إزالة الشعر بالشمع.
Ich möchte eine Wachsepilation.
[ɪç 'mœçtə 'aɪ̯nə 'vaksepilaˌtsi̯o:n]

أريد تدليك فروة رأسي.
Ich möchte eine Kopfhautmassage bitte.
[ɪç 'mœçtə 'aɪ̯nə 'kɔpfˌhaʊ̯tmaˌsa:ʒə 'bɪtə]

أريد عمل تدليك للوجه.
Ich möchte eine Gesichtspflege.
[ɪç 'mœçtə 'aɪ̯nə gə'zɪçtsˌpfle:gə]

كلمات مفيدة

Frisörsalon	[fʀi'zø:ɐ̯ˌsalɔn]	صالون تصفيف الشعر
Schönheitssalon	['ʃø:nhaɪ̯tsza,lõ:]	صالون تجميل.
Friseur	[fʀi'zø:ɐ̯]	مصمم تسريحات شعر
Make-up	['me:kʔap]	ماكياج
Strähnchen	['ʃtʀɛ:nçən]	ميش.
Locken	['lɔkn̩]	تجعيد الشعر
Wellen	['vɛlən]	تموجات
Pony	['pɔni]	شعر مقدمة الرأس.
Färbung	['fɛʁbʊŋ]	صبغة شعر
Spa	[ʃpa:]	منتجع
Haarpflege	['ha:ɐ̯ˌpfle:gə]	معالجة الشعر.
Carving	['kɑrvɪŋ]	منقوش.
Nagelverlängerung	['na:glfɛɐ̯ˌlɛŋəʀʊŋ]	إطالة الأظافر

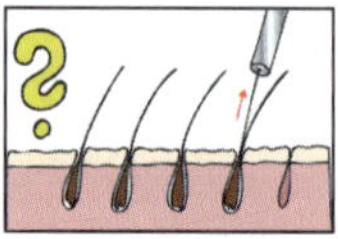

هل تقوم بإزالة الشعر؟
Machen Sie Haarentfernungen?
['maχn̩ zi: 'ha:ɐ̯ɛnt͵fɛʁnʊŋən]

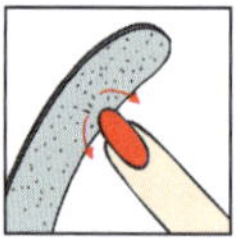

أريدكَ أن تبرد أظافري وترتبها.
Bitte feilen Sie meine Nägel und bringen Sie sie in Form.
['bɪtə 'fai̯lən zi: 'mai̯nə 'nɛ:gl ʊnt 'bʀɪŋən zi: zi: ɪn fɔʁm]

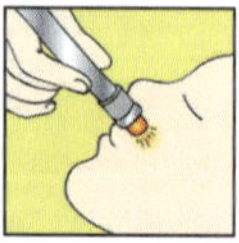

أريد معالجة بشرتي.
Ich möchte eine Hautbehandlung haben.
[ɪç 'mœçtə 'ai̯nə 'hau̯tbə͵handlʊŋ 'ha:bən]

كلمات مفيدة

klassische Maniküre ['klasɪʃə mani'ky:rə]	مانيكير تقليدي
Pediküre [pedi'ky:rə]	باديكير
Nagelreparatur ['na:glʀepaʀa͵tu:ɐ̯]	تصليح الأظافر
Gesichtsbehandlung [gə'zɪçtsbə͵handlʊŋ]	تنقية/تنظيف
Epilation [epila'tsi̯o:n]	أزالة الشعر الزائد
Maske ['maskə]	قناع
Massage [ma'sa:ʒə]	تدليك
Peeling ['pi:lɪŋ]	تقشير

استدعاء الشرطة

Die Polizei rufen

النجدة!
Hilfe!
[ˈhɪlfə]

إنها حالة طارئة!
Es ist dringend!
[ɛs ɪst ˈdʀɪŋənt]

من فضلكَ اتصل بالشرطة على الفور.
Bitte rufen Sie sofort die Polizei.
[ˈbɪtə ˈʀuːfn̩ ziː zoˈfɔʁt diː ˌpoliˈt͡saɪ̯]

أين يقع أقرب مخفر شرطة؟
Wo ist das nächste Polizeirevier?
[voː ɪst das ˈnɛːçstə ˌpoliˈt͡saɪ̯ʀeˌviːɐ̯]

لقد هوجمت.
Ich wurde angegriffen.
[ɪç ˈvʊʁdə ˈangəˌɡʀɪfn̩]

لقد سُرقت.
Ich wurde beraubt.
[ɪç ˈvʊʁdə bəˈʀaʊ̯pt]

أريد الإبلاغ عن حادث.
Ich möchte einen Unfall melden.
[ɪç 'mœçtə 'aɪ̯nən 'ʊnfal 'mɛldn̩]

أريد الإبلاغ عن سطو.
Ich möchte einen Raubüberfall melden.
[ɪç 'mœçtə 'aɪ̯nən 'ʀaʊ̯pˌy:beˌfal 'mɛldn̩]

أريد الإبلاغ عن هجوم.
Ich möchte einen Angriff melden.
[ɪç 'mœçtə 'aɪ̯nən 'anˌgʀɪf 'mɛldn̩]

أريد الإبلاغ عن اغتصاب.
Ich möchte eine Vergewaltigung melden.
[ɪç 'mœçtə 'aɪ̯nə ˌfɛɐ̯gə'valtɪgʊŋ 'mɛldn̩]

من فضلكَ املأ تقرير سرقة.
Bitte füllen Sie eine Diebstahl-Anzeige aus.
['bɪtə 'fʏlən zi: 'aɪ̯nə 'di:pʃta:lʔanˌʦaɪ̯gə aʊ̯s]

هل أستطيع استخراج آخر جديد؟
Kann er neu ausgestellt werden?
[kan eːɐ̯ nɔɪ̯ ˈaʊ̯sɡəˌʃtɛlt ˈveːɐ̯dn̩]

فقدت جواز سفري.
Ich habe meinen Reisepass verloren.
[ɪç ˈhaːbə ˈmaɪ̯nən ˈʀaɪ̯zəˌpas ˌfɛɐ̯ˈloːʀən]

فقدت تذكرتي.
Ich habe meine Fahrkarte verloren.
[ɪç ˈhaːbə ˈmaɪ̯nə ˈfaːɐ̯ˌkaʁtə ˌfɛɐ̯ˈloːʀən]

فقدت حقيبة سفري.
Ich habe mein Gepäck verloren.
[ɪç ˈhaːbə maɪ̯n ɡəˈpɛk ˌfɛɐ̯ˈloːʀən]

فقدت كيس نقودي.
Ich habe meine Handtasche verloren.
[ɪç ˈhaːbə ˈmaɪ̯nə ˈhantˌtaʃə ˌfɛɐ̯ˈloːʀən]

أين مكتب المفقودات؟
Wo ist das Fundbüro?
[voː ɪst das ˈfʊntˌbyʀo]

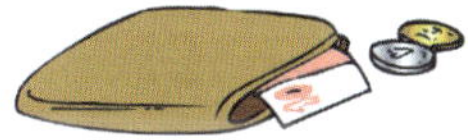

محفظتي سُرقت.
Mein Portemonnaie wurde gestohlen.
[maɪ̯n pɔʁtmɔ'ne: 'vʊʁdə ˌgə'ʃto:lən]

الكاميرا خاصتي سُرقت.
Meine Kamera wurde gestohlen.
['maɪ̯nə 'kaməʀa 'vʊʁdə ˌgə'ʃto:lən]

ساعتي سُرقت.
Meine Armbanduhr wurde gestohlen.
['maɪ̯nə 'aʁmbantˌʔu:ɐ̯ 'vʊʁdə ˌgə'ʃto:lən]

حقيبة سفري سُرقت.
Mein Gepäck wurde gestohlen.
[maɪ̯n gə'pɛk 'vʊʁdə ˌgə'ʃto:lən]

تذكرتي سُرقت.
Meine Fahrkarte wurde gestohlen.
['maɪ̯nə 'fa:ɐ̯ˌkaʁtə 'vʊʁdə ˌgə'ʃto:lən]

جواز سفري سُرق.
Mein Reisepass wurde gestohlen.
[maɪ̯n 'ʀaɪ̯zəˌpas 'vʊʁdə ˌgə'ʃto:lən]

كيس نقودي سُرق.
Meine Handtasche wurde gestohlen.
['maɪ̯nə 'hantˌtaʃə 'vʊʁdə ˌgə'ʃto:lən]

أحتاج إلى الاتصال بمحامي.
Ich muss meinen Anwalt anrufen.
[ɪç mʊs ˈmaɪ̯nən ˈanvalt ˈanˌʀuːfn̩]

أريد مترجما.
Ich brauche einen Dolmetscher.
[ɪç ˈbʀaʊ̯χə ˈaɪ̯nən ˈdɔlmɛtʃɐ]

أحتاج إلى الاتصال بالسفارة.
Ich muss die Botschaft anrufen.
[ɪç mʊs diː ˈboːtʃaft ˈanˌʀuːfn̩]

أحتاج إلى الاتصال بأقاربي.
Ich muss meine Verwandten anrufen.
[ɪç mʊs ˈmaɪ̯nə fɛɐ̯ˈvantn̩ ˈanˌʀuːfn̩]

أحتاج إلى الاتصال بأصدقائي.
Ich muss meine Freunde anrufen.
[ɪç mʊs ˈmaɪ̯nə ˈfʀɔɪ̯ndə ˈanˌʀuːfn̩]

Register

الفهرس

adj	Adjektiv	صفة
adv	Adverb	حال
art	Artikel	أداة
konj	Konjunktion	حرف عطف
part	Partikel	حرف
num	Zahlwort	رقم
prep	Präposition	حرف جر
pron	Pronomen	ضمير
v	Verb	فعل

A

G

N

M

Q

P

O

R

S

T

Y

Z